DER ULTIMATIVE LEITFADEN, UM DAS LEBEN VON DER ARBEIT ZURÜCKHOLEN

Schritt-für-Schritt-Strategien für Befreiung aus dem Griff der Arbeit

Ruth Kings

INHALTSVERZEICHNIS.

EINFÜHRUNG.
WARUM WIR UNSER LEBEN ZURÜCKGEWINNEN MÜSSEN.

Wenn Sie dies lesen, verspüren Sie wahrscheinlich schon einmal den vertrauten Anflug von Erschöpfung, das schleichende Gefühl, dass die Arbeit mehr von Ihrem Leben verschlingt, als Sie jemals beabsichtigt hatten. Du bist nicht allein.

In unserer schnelllebigen, ständig vernetzten Welt verschwimmt die Grenze zwischen Arbeit und Leben zunehmend. Aber hier ist die gute Nachricht: Das muss nicht so bleiben.

Beginnen wir mit einer kleinen Geschichte. Stellen Sie sich Folgendes vor: Es ist ein typischer Dienstagmorgen. Sie wachen mit dem Klang Ihres Weckers auf und haben bereits das Gefühl, mit den Aufgaben des Tages im Rückstand zu sein. Ihre E-Mail-Benachrichtigungen klingeln ständig, während Sie versuchen, sich vorzubereiten. Sie schnappen sich ein schnelles Frühstück (wenn Sie Glück haben) und stürzen sich direkt in den Arbeitsmodus. Bevor man es merkt, vergehen Stunden wie im Flug. Sie haben das Mittagessen ausgelassen, Ihr Rücken schmerzt und Ihre Augen kleben am Bildschirm. Wenn Sie Ihren Computer herunterfahren, scheint der Tag verschwommen zu sein. Wie die Zeit vergeht? Noch wichtiger: Wo ist Ihr Tag verlaufen?

Für viele von uns ist dieses Szenario nur allzu vertraut. Wir haben uns so an dieses unerbittliche Tempo gewöhnt, dass wir selten innehalten, es in Frage zu stellen. Aber was wäre, wenn wir es täten? Was wäre, wenn wir einen Schritt zurücktreten und uns fragen würden: Wollen wir wirklich so leben?

In diesem Buch werden wir eingehend untersuchen, warum es wichtig ist, unser Leben aus dem Griff der Arbeit zu befreien. Wir gehen den Gründen für unsere überarbeitete Kultur auf den Grund und stellen praktische Strategien vor, um ein gesünderes Gleichgewicht zu finden. Aber bevor wir uns mit dem Wie befassen, nehmen wir uns einen Moment Zeit, um das Warum zu verstehen. Warum müssen wir unser Leben zurückgewinnen?

Die Kosten der Überarbeitung.

Lassen Sie uns zunächst über den Tribut sprechen, den Überarbeitung für uns bedeutet. Wir alle kennen die offensichtlichen Auswirkungen: Stress, Burnout und Müdigkeit. Aber die Auswirkungen gehen viel tiefer. Überlastung beeinträchtigt unsere körperliche Gesundheit, unser geistiges Wohlbefinden und unsere Beziehungen. Es zerstört unsere Freude und Lebensfreude.

Körperlich kann chronischer Stress durch Überarbeitung zu einer Vielzahl gesundheitlicher Probleme führen. Hoher Blutdruck, Herzerkrankungen und ein geschwächtes Immunsystem sind nur einige der Probleme, die auftreten können. Wenn wir ständig im Arbeitsmodus sind, hat unser

Körper nie die Möglichkeit, sich vollständig zu entspannen und zu erholen. Es ist, als würde man ein Auto fahren, ohne jemals zum Tanken anzuhalten – irgendwann wird man eine Panne haben.

Psychisch können die Auswirkungen ebenso verheerend sein. Angstzustände, Depressionen und ein allgegenwärtiges Gefühl der Überforderung sind häufig. Wir verlieren unsere Konzentrationsfähigkeit, die Kreativität lässt nach und selbst einfache Entscheidungen können lähmend wirken. Es ist schwer, für irgendetwas Leidenschaft zu empfinden, wenn man sich in einem ständigen Stresszustand befindet.

Und dann sind da noch unsere Beziehungen. Wie oft haben Sie einen geliebten Menschen angeschnauzt, weil Sie wegen der Arbeit gestresst waren? Oder haben Sie wichtige Familienmomente verpasst, weil Sie dieses Projekt abschließen mussten? Die Menschen in unserem Leben verdienen mehr als die Reste unserer Zeit und Energie.

MEINE REISE – VON ÜBERARBEITET ZU AUSGEGLICHEN.

Ich freue mich sehr, Sie hier zu haben, denn das bedeutet, dass Sie bereit sind, einen Schritt in Richtung eines ausgeglicheneren und erfüllteren Lebens zu machen. Sie sind auf dieser Reise nicht allein – viele von uns haben gespürt, wie sich der unerbittliche Druck der Arbeit in jeden Winkel unseres Lebens einschleicht. In dieser Einführung möchte ich meine persönliche Geschichte vom Übergang von der Überlastung zum Finden eines Gleichgewichts erzählen, das Freude und Erfüllung bringt. Ich hoffe, dass meine Reise sowohl als Leitfaden als auch als Inspiration für Ihren eigenen Weg dienen kann.

Die Anfänge: Von Ehrgeiz getrieben.

Lassen Sie mich Sie zurück in die Anfänge meiner Karriere führen. Als ich gerade das College abgeschlossen hatte, war ich voller Ehrgeiz und bereit, die Welt zu erobern. Ich bekam einen Job bei einer renommierten Marketingfirma, was sich wie ein wahrgewordener Traum anfühlte. Ich stürzte mich mit ungezügelter Begeisterung in die Arbeit. Lange Arbeitszeiten störten mich nicht – ich lebte von dem Adrenalin knapper Fristen und der Zufriedenheit über eine gut erledigte Arbeit.

In den ersten Jahren schien sich dieses intensive Engagement auszuzahlen. Ich habe Beförderungen, Boni und Auszeichnungen erhalten. In meiner Karriere ging es steil bergauf und ich war stolz auf meine Erfolge. Aber es gab einen Preis, mit dem ich nicht gerechnet hatte.

Der subtile Beginn des Ungleichgewichts.

Es begann subtil. Ich habe hier und da ein paar Familientreffen verpasst, Mahlzeiten ausgelassen und den Kontakt zu Hobbys verloren, die mir einst Freude bereitet haben. Ich zuckte die

Achseln und sagte mir, dass Opfer für den Erfolg notwendig seien. Doch mit der Zeit häuften sich diese Opfer.

Meine Gesundheit hat einen Schlag erlitten. Ich fühlte mich oft müde, mein Schlaf war gestört und ich bekam chronische Kopfschmerzen. Auch meine persönlichen Beziehungen begannen zu leiden. Freunde luden mich nicht mehr ein, weil sie dachten, ich sei zu beschäftigt, und ich spürte eine wachsende Distanz zu meiner Familie. Dennoch schob ich diese Bedenken beiseite und glaubte, dass harte Arbeit und Hingabe der einzige Weg zum Erfolg seien.

Der Bruchpunkt.

Der Bruchpunkt kam an einem Winterabend. Ich arbeitete wieder spät an einem Großprojekt. Es kam ein Anruf, und zwar von meinem Bruder. Ich ignorierte es und dachte, ich würde ihn später zurückrufen. Als ich endlich fertig war und meine Nachrichten überprüfte, sah ich eine von ihm: „Mama hatte einen Herzinfarkt. Wir sind im Krankenhaus."

Mein Herz sank. Ich eilte ins Krankenhaus, Schuldgefühle und Angst nagten an mir. Meiner Mutter ging es stabil, aber der Schrecken war ein Weckruf. Als ich an ihrem Bett saß, wurde mir klar, wie viel ich vermisst hatte. Meine Arbeit hatte mich so sehr in Anspruch genommen, dass ich nicht mehr für die Menschen da war, die mir am wichtigsten waren.

Die Entscheidung zur Veränderung.

Als ich dort im Krankenhaus saß, traf ich eine Entscheidung. Ich musste mein Leben vom überwältigenden Druck der Arbeit befreien. Ich konnte diesen Weg des unerbittlichen Stresses und der ständigen Opfer nicht weitergehen. Aber ich hatte keine Ahnung, wie ich anfangen sollte.

Zurück bei der Arbeit begann ich damit, meine Prioritäten neu zu bewerten. Ich habe mit meinem Vorgesetzten über mein Bedürfnis nach einer besseren Work-Life-Balance gesprochen. Zu meiner Überraschung unterstützte sie mich und teilte mir ihre eigenen Probleme mit dem Gleichgewicht mit. Gemeinsam haben wir mein Arbeitspensum neu strukturiert, um mehr Flexibilität zu ermöglichen. Ich fing an, Grenzen zu setzen, zum Beispiel nach einer bestimmten Stunde keine E-Mails mehr zu lesen und über den Tag verteilt regelmäßig Pausen einzulegen.

Die Herausforderungen des Wandels.

Der Übergang war nicht einfach. Anfangs fühlte ich mich schuldig und besorgt, weil ich befürchtete, mein Team im Stich zu lassen oder meine Karriere zu gefährden. Aber ich beharrte und erinnerte mich an mein Engagement für Veränderungen. Ich suchte Rat bei Mentoren, las Bücher über Zeitmanagement und Balance und bemerkte langsam Verbesserungen.

Eine der größten Herausforderungen bestand darin, zu lernen, Nein zu sagen. Ich war schon immer ein Menschenliebhaber und bereit, jede Aufgabe anzunehmen, die sich mir stellte. Aber mir wurde klar, dass es für mein Wohlbefinden unerlässlich war, Nein zu sagen. Dadurch konnte ich mich auf das Wesentliche konzentrieren und bei den Aufgaben, die ich übernahm, bessere Leistungen erbringen.

Der Mythos der Produktivität.

Einer der größten Treiber unserer überarbeiteten Kultur ist der Mythos der Produktivität. Wir glauben, dass mehr Arbeit mehr Erfolg bedeutet. Je mehr Stunden wir investieren, desto bessere Leistungen erzielen wir und desto mehr werden wir erreichen. Doch die Forschung erzählt eine andere Geschichte.

Studien haben gezeigt, dass lange Arbeitszeiten nicht unbedingt zu besseren Ergebnissen führen. Tatsächlich nimmt unsere Produktivität ab einem bestimmten Punkt tatsächlich ab. Wir werden weniger effizient, fehleranfälliger und die Kreativität nimmt ab. Es stellt sich heraus, dass es eine Grenze dafür gibt, wie viel Arbeit unser Gehirn an einem Tag bewältigen kann.

Denken Sie an das letzte Mal, als Sie die ganze Nacht durchgearbeitet oder das Wochenende durchgearbeitet haben. Hast du wirklich mehr geschafft? Oder starrten Sie ausdruckslos auf Ihren Bildschirm und kämpften darum, zusammenhängende Gedanken zu formulieren? Es ist ein Teufelskreis: Wir arbeiten länger, um voranzukommen, aber in Wirklichkeit drehen wir nur unsere Räder durch.

Flexibilität annehmen und neue Leidenschaften finden.

Eine der bedeutendsten Veränderungen, die ich vorgenommen habe, war die Flexibilität in meinem Arbeitsleben. Ich habe eine hybride Arbeitsvereinbarung ausgehandelt, die es mir ermöglicht, einen Teil der Woche von zu Hause aus zu arbeiten. Dies verkürzte nicht nur meine Pendelzeit, sondern gab mir auch mehr Kontrolle über meinen Zeitplan.

Mit dieser neu gewonnenen Flexibilität hatte ich mehr Zeit, Leidenschaften außerhalb der Arbeit zu entdecken. Ich habe mich ehrenamtlich in einem örtlichen Tierheim engagiert, was mir ein Gefühl von Sinn und Erfüllung vermittelte. Ich habe auch einen Blog gestartet, um meine Reise zu teilen und mich mit anderen zu vernetzen, die ähnliche Probleme durchmachen. Dieses kreative Ventil wurde zu einer Quelle der Freude und Inspiration.

Die Kraft des Gleichgewichts.

Wenn also mehr arbeiten nicht der Ausweg ist, was dann? Der Schlüssel liegt darin, ein Gleichgewicht zu finden. Es geht darum, ein Leben zu schaffen, in dem die Arbeit nur ein Teil der Gleichung ist, nicht die ganze Geschichte. Es geht darum, sich Zeit für die Dinge zu nehmen, die uns Freude bereiten, unsere Seele nähren und uns auf dem Boden halten.

Stellen Sie sich einen Tag vor, an dem Sie ausgeruht aufwachen und genügend Zeit haben, Ihren Morgenkaffee ohne Hektik zu genießen. Sie beginnen Ihren Arbeitstag mit klarem Kopf, legen regelmäßig Pausen ein, um neue Energie zu tanken, und schließen zu einer angemessenen Zeit ab. Sie haben die Energie, spazieren zu gehen, schöne Zeit mit Ihrer Familie zu verbringen oder sich einem Hobby zu widmen, das Sie lieben. Sie gehen zufrieden ins Bett und wissen, dass Sie bei der Arbeit Ihr Bestes gegeben, aber auch auf sich selbst aufgepasst haben.

Dieses Gleichgewicht ist nicht nur ein Traum – es ist durchaus möglich. Und es beginnt mit einem Wandel in der Denkweise. Wir müssen erkennen, dass unser Wert nicht dadurch bestimmt wird, wie viele Stunden wir arbeiten oder wie viel wir erreichen. Unser Wert ergibt sich aus dem, was wir sind, nicht aus dem, was wir tun.

Den ersten Schritt machen.

Um Ihr Leben von der Arbeit zurückzugewinnen, geht es nicht darum, über Nacht drastische Veränderungen vorzunehmen. Es geht darum, kleine, bewusste Schritte in Richtung eines ausgeglicheneren Lebens zu unternehmen. Es geht darum zu erkennen, dass Sie es verdienen, ein erfülltes Leben zu führen und nicht nur zum Arbeiten da zu sein.

In den folgenden Kapiteln werden wir praktische Strategien untersuchen, die Ihnen dabei helfen, Grenzen zu setzen, Ihre Zeit zu verwalten und der Selbstfürsorge Priorität einzuräumen. Wir werden nach Möglichkeiten suchen, ein Unterstützungssystem aufzubauen und Flexibilität bei Ihren Arbeitsvereinbarungen zu finden. Und wir gehen tiefer auf Denkänderungen ein, die Ihnen helfen können, sich von der Hektik der Kultur zu befreien und eine erfülltere Lebensweise anzunehmen.

Denken Sie daran, dies ist eine Reise. Es wird Herausforderungen und Rückschläge geben, aber jeder Schritt, den Sie unternehmen, ist ein Schritt in Richtung eines gesünderen und glücklicheren Menschen. Wenn wir uns also gemeinsam auf diese Reise begeben, sollten wir einen offenen Geist und ein mitfühlendes Herz bewahren. Behandeln wir uns selbst mit Freundlichkeit und würdigen wir unsere kleinen Erfolge auf dem Weg.

Ein neuer Weg nach vorne.

Ich hoffe, dass Sie beim Durchblättern dieses Buches Inspiration und praktische Ratschläge finden, wie Sie Ihr Leben aus dem Griff der Arbeit befreien können. Ich hoffe, Sie entdecken neue Wege, um Ausgeglichenheit zu schaffen und Freude in den alltäglichen Momenten zu finden. Vor allem hoffe ich, dass Sie erkennen, dass Sie die Macht haben, diese Veränderungen herbeizuführen.

Wir leben in einer Welt, die Geschäftigkeit oft verherrlicht und Selbstwertgefühl mit Produktivität gleichsetzt. Aber es ist an der Zeit, dieses Narrativ in Frage zu stellen. Es ist an der Zeit, unser Leben zurückzugewinnen und Erfolg nach unseren eigenen Vorstellungen neu zu definieren. Wir sind mehr als unsere Jobs. Wir sind Freunde, Familienmitglieder, Schöpfer, Träumer und vieles mehr.

Willkommen beim „Ultimativen Leitfaden, um das Leben von der Arbeit zurückzugewinnen". Dies ist Ihr Leitfaden, um Gleichgewicht, Freude und Erfüllung zu finden. Gemeinsam werden wir diese Reise bewältigen und einen neuen Weg nach vorne entdecken. Eine Art und Weise, die unser ganzes Selbst ehrt, nicht nur den Teil, der bei der Arbeit zum Vorschein kommt. Eine Art und Weise, wie wir wirklich leben können.

Lass uns anfangen!

KAPITEL EINS.

Das Ungleichgewicht zwischen Berufs- und Privatleben verstehen.

Was ist Work-Life-Balance eigentlich?

Das Konzept der Work-Life-Balance wird oft diskutiert, aber selten so umgesetzt, dass es sich praktisch und erreichbar anfühlt. Was bedeutet Work-Life-Balance wirklich? Ist es ein Mythos oder können wir es in unserem geschäftigen Leben tatsächlich erreichen? Lassen Sie uns dies gemeinsam erforschen, indem wir die Essenz der Work-Life-Balance aufschlüsseln und herausfinden, wie sie in die Struktur unseres Alltags integriert werden kann.

Das Konzept der Work-Life-Balance.

Im Kern geht es bei der Work-Life-Balance darum, ein nachhaltiges Gleichgewicht zwischen den Anforderungen Ihres Arbeitslebens und den Bedürfnissen Ihres Privatlebens zu schaffen. Es ist die Kunst, Ihre berufliche Verantwortung mit Ihren persönlichen Verpflichtungen und Vergnügen in Einklang zu bringen. Es geht nicht um Perfektion oder die gleichmäßige Aufteilung Ihrer Zeit zwischen Arbeit und Privatleben, sondern darum, eine harmonische Integration zu finden, die es Ihnen ermöglicht, in beiden Bereichen erfolgreich zu sein.

Stellen Sie sich Ihr Leben als eine Waage vor. Auf der einen Seite haben Sie Ihre Arbeit – Ihren Job, Ihre Karriereziele und Ihre berufliche Verantwortung. Auf der anderen Seite haben Sie Ihr Privatleben – Ihre Familie, Freunde, Gesundheit, Hobbys und persönliche Interessen. Das Ziel besteht darin, diese Waage im Gleichgewicht zu halten, sodass keine Seite die andere überfordert, was zu Stress und Burnout führt.

Ausgeglichenheit bedeutet jedoch nicht Gleichheit. Es geht nicht darum, jeden Tag genau acht Stunden bei der Arbeit und acht Stunden für persönliche Aktivitäten zu verbringen. Das Leben ist dynamisch, und das gilt auch für das Gleichgewicht. An manchen Tagen erfordert die Arbeit möglicherweise mehr Zeit und Energie, während an anderen Tagen Ihr Privatleben möglicherweise Vorrang hat. Bei einer echten Work-Life-Balance geht es um Flexibilität und Anpassungsfähigkeit, nicht um starre Zeitpläne.

Work-Life-Balance bedeutet, genügend Zeit für die Arbeit zu haben und gleichzeitig Zeit für Entspannung, Selbstpflege und persönliche Aktivitäten zu haben. Es geht darum, einen Rhythmus zu finden, der es Ihnen ermöglicht, Ihren beruflichen Verpflichtungen nachzukommen, ohne auf Ihr persönliches Wohlbefinden zu verzichten. Dieses Gleichgewicht ist entscheidend für die Aufrechterhaltung Ihrer körperlichen Gesundheit, Ihres emotionalen Wohlbefindens und Ihres allgemeinen Glücks.

DER MYTHOS VOM PERFEKTEN GLEICHGEWICHT.

Eines der häufigsten Missverständnisse über die Work-Life-Balance ist die Idee einer perfekten Balance. Wir hören oft davon, die perfekte Work-Life-Balance zu erreichen, aber das Streben nach Perfektion kann zu Misserfolgen und Frustration führen. Die Wahrheit ist, dass das Gleichgewicht bei jedem anders aussieht und sich mit der Zeit verändert.

Stellen Sie sich Gleichgewicht als einen fließenden, sich ständig verändernden Zustand vor und nicht als ein festes Ziel. In manchen Wochen kann es sein, dass Sie bei der Arbeit mehr Zeit für ein großes Projekt aufwenden, und das ist in Ordnung. In anderen Fällen müssen Sie sich möglicherweise mehr auf familiäre Ereignisse oder die persönliche Gesundheit konzentrieren, und das ist auch in Ordnung. Der Schlüssel liegt darin, sich dieser Veränderungen bewusst zu sein und bewusste Anpassungen vorzunehmen, um ein langfristiges Ungleichgewicht zu vermeiden.

Das Streben nach perfekter Balance kann zu unnötigem Stress führen. Wenn Sie ständig nach einem Idealzustand streben, in dem alles perfekt aufeinander abgestimmt ist, könnten Sie sich am Ende schuldig oder frustriert fühlen, wenn das Leben unweigerlich chaotisch wird. Es ist wichtig zu erkennen, dass das Leben unvorhersehbar ist, und bei der Ausgeglichenheit geht es darum, diese Schwankungen mit Anmut und Flexibilität zu bewältigen.

Anstatt nach Perfektion zu streben, streben Sie nach einer Balance, die für Sie funktioniert. Das bedeutet, realistische Erwartungen zu setzen und sich selbst mit viel Freundlichkeit zu begegnen. Seien Sie sich darüber im Klaren, dass manche

Tage anspruchsvoller sein werden als andere, und das ist völlig normal. Es geht darum, das Beste aus Ihren Umständen zu machen und das zu priorisieren, was in jedem Moment am wichtigsten ist.

ERKENNEN DER ANZEICHEN EINES UNGLEICHGEWICHTS.

Beginnen wir damit, zu verstehen, wie man die Anzeichen eines Ungleichgewichts zwischen Berufs- und Privatleben erkennt. Das frühzeitige Erkennen dieser Anzeichen kann Ihnen helfen, Maßnahmen zu ergreifen, bevor die Dinge außer Kontrolle geraten. Hier sind einige häufige Anzeichen dafür, dass Sie möglicherweise mit einem Ungleichgewicht zwischen Arbeit und Privatleben zu kämpfen haben:

1. Ständige Müdigkeit:

Fühlen Sie sich ständig müde? Dies könnte ein Zeichen dafür sein, dass Ihre Work-Life-Balance nicht in Ordnung ist. Wenn die Arbeit zu viel Zeit und Energie in Anspruch nimmt, können Sie sich ausgelaugt und erschöpft fühlen, selbst wenn Sie eine ganze Nacht schlafen. Möglicherweise sind Sie auf Koffein angewiesen, um den Tag zu überstehen, oder Sie fühlen sich ständig benommen.

2. Vernachlässigte Beziehungen:

Vermissen Sie häufig Familientreffen, gesellschaftliche Veranstaltungen oder einfach nur die schöne Zeit mit Ihren Lieben? Wenn Ihre Arbeit so viel Zeit in Anspruch nimmt, dass Sie Ihre persönlichen Beziehungen nicht pflegen können, ist das ein Warnsignal. Vernachlässigte Beziehungen können zu Gefühlen der Isolation und Einsamkeit führen und den Arbeitsstress noch verstärken.

3. Gesundheitsprobleme:

Stressbedingte Gesundheitsprobleme sind ein weiteres häufiges Anzeichen für ein Ungleichgewicht zwischen Beruf und Privatleben. Dazu können Kopfschmerzen, Schlaflosigkeit, Verdauungsprobleme und noch schwerwiegendere Erkrankungen wie Bluthochdruck oder Herzprobleme gehören. Wenn Sie unter diesen gesundheitlichen Problemen leiden, ist es wichtig zu beurteilen, ob sich Ihre Arbeitsanforderungen negativ auf Ihr Wohlbefinden auswirken.

4. Verminderte Produktivität:

Ironischerweise kann längeres Arbeiten manchmal zu einer verminderten Produktivität führen. Wenn es Ihnen schwerfällt, sich zu konzentrieren, Sie sich weniger kreativ fühlen oder bemerken, dass Ihre Effizienz nachlässt, kann das daran liegen, dass Sie sich selbst überarbeiten. Bei der Produktivität geht es nicht nur um die Anzahl der Stunden, die Sie investieren. Es geht darum, wie effektiv Sie diese Zeit nutzen.

5. Verlust der Leidenschaft:

Wenn die Arbeit Ihre gesamte Zeit und Energie verschlingt, verlieren Sie möglicherweise das Interesse an Hobbys und Aktivitäten, die Ihnen einst Freude bereitet haben. Dieser Verlust der Leidenschaft kann zu Gefühlen der Leere und Unzufriedenheit führen. Wenn Sie feststellen, dass Sie nicht mehr die Energie oder den Wunsch haben, sich den Aktivitäten zu widmen, die Sie einst geliebt haben, ist es an der Zeit, Ihr Gleichgewicht neu zu bewerten.

6. Hoher Stresspegel:

Ständiger Stress und Angst sind klare Anzeichen dafür, dass sich etwas ändern muss. Wenn Sie sich überfordert, ängstlich oder ständig nervös fühlen, ist das ein Zeichen dafür, dass Ihre Work-Life-Balance aus dem Gleichgewicht geraten ist. Hoher Stress kann Ihre geistige und körperliche Gesundheit stark beeinträchtigen. Daher ist es wichtig, diese Gefühle anzugehen, bevor sie zu einem Burnout eskalieren.

7. Burnout:

Burnout ist das ultimative Zeichen für ein Ungleichgewicht zwischen Beruf und Privatleben. Es handelt sich um einen Zustand körperlicher, emotionaler und geistiger Erschöpfung, der durch anhaltenden Stress und Überarbeitung verursacht wird. Wenn Sie sich völlig erschöpft fühlen, Ihrem Job gegenüber zynisch sind oder keine Motivation finden, leiden Sie möglicherweise unter einem Burnout. Das frühzeitige Erkennen eines Burnouts ist entscheidend, um Maßnahmen zur Genesung und Wiederherstellung des Gleichgewichts in Ihrem Leben zu ergreifen.

8. Mangel an persönlicher Zeit:

Wenn Sie feststellen, dass Sie wenig bis gar keine Zeit für sich selbst haben, ist das ein klares Zeichen für ein Ungleichgewicht. Persönliche Zeit ist für Selbstfürsorge, Entspannung und die Verfolgung Ihrer Interessen unerlässlich. Ohne sie werden Sie sich wahrscheinlich überfordert und unerfüllt fühlen. Beachten Sie, wenn Ihre Tage voller Arbeitsaufgaben und Verpflichtungen sind und kein Platz für die Dinge bleibt, die Ihnen Spaß machen.

9. Emotionale Instabilität:

Ein Ungleichgewicht zwischen Beruf und Privatleben kann sich auch auf Ihr emotionales Wohlbefinden auswirken. Möglicherweise verspüren Sie häufiger Stimmungsschwankungen, Reizbarkeit oder Gefühle von Traurigkeit und Frustration. Wenn Ihr emotionaler Zustand durch Arbeitsstress negativ beeinflusst wird, ist es wichtig, Maßnahmen zu ergreifen, um dieses Ungleichgewicht zu beseitigen.

10. Schwierigkeiten beim Trennen:

Im heutigen digitalen Zeitalter kann es absolut schwierig sein, sich von der Arbeit zu trennen. Wenn Sie ständig E-Mails checken, geschäftliche Anrufe entgegennehmen oder an die Arbeit denken, auch wenn Sie frei haben, ist das ein Zeichen dafür, dass Ihre Work-Life-Balance leidet. Es ist wichtig, Grenzen zu setzen, um sicherzustellen, dass Sie Zeit zum Entspannen und Aufladen haben.

Die Rolle des Selbstmitgefühls.

Lassen Sie uns abschließend über die Bedeutung von Selbstmitgefühl für die Vereinbarkeit von Beruf und Privatleben sprechen. Es ist leicht, hart zu uns selbst zu sein, wenn wir das Gefühl haben, dass wir unsere eigenen Erwartungen oder die Standards der Gesellschaft nicht erfüllen. Aber Selbstmitgefühl ist entscheidend für die Aufrechterhaltung eines gesunden Gleichgewichts.

Freundlich zu sich selbst zu sein bedeutet, anzuerkennen, dass man sein Bestes gibt und dass es in Ordnung ist, schlechte Tage zu haben. Es geht darum, sich selbst mit dem gleichen Mitgefühl und Verständnis zu behandeln, das Sie einem Freund entgegenbringen würden.

Wenn Sie Selbstmitgefühl üben, ist es wahrscheinlicher, dass Sie Entscheidungen treffen, die Ihr Wohlbefinden und Ihr allgemeines Gleichgewicht fördern.

Bei der Work-Life-Balance geht es nicht um Perfektion; Es geht darum, einen nachhaltigen Weg zu finden, Ihre Arbeit und Ihr Privatleben zu integrieren. Es geht darum, flexibel, anpassungsfähig und freundlich zu sich selbst zu sein. Denken

Sie daran: Balance ist eine Reise, kein Ziel. Es ist ein fortlaufender Prozess der Anpassung und Selbstfindung. Wenn Sie sich diese Denkweise zu eigen machen, können Sie ein ausgeglicheneres und erfüllteres Leben führen.

ECHTE GESCHICHTEN: WIE WIR HIERHER KAMEN.

Nachdem wir nun die Anzeichen für ein Ungleichgewicht zwischen Berufs- und Privatleben identifiziert haben, werfen wir einen weiteren Blick auf einige echte Geschichten, die veranschaulichen, wie sich Menschen in dieser misslichen Lage befinden. Das Hören dieser Geschichten kann wertvolle Erkenntnisse liefern und vielleicht dazu führen, dass Sie sich weniger allein fühlen, wenn Sie mit ähnlichen Problemen zu kämpfen haben.

Geschichte 1: Der Unternehmensaufsteiger.

Tara war schon immer ehrgeizig gewesen. Direkt nach dem College-Abschluss bekam sie einen Job bei einer renommierten Marketingfirma und stieg schnell die Karriereleiter hinauf. Sie war bekannt für ihr Engagement und ihre Bereitschaft, lange Arbeitszeiten zu leisten. Beförderungen kamen schnell, aber auch die Anforderungen ihres Jobs kamen schnell.

Taras typischer Tag begann um 6 Uhr morgens mit einem schnellen Training, gefolgt von einem Arbeitsweg, bei dem sie ihre E-Mails abrufen konnte. Ihr Arbeitstag war voller

Besprechungen, Präsentationen und Deadlines. Die Abende wurden oft damit verbracht, Projekte abzuschließen oder sich bei Branchenveranstaltungen zu vernetzen. Wochenenden? Diese dienten dazu, Arbeiten nachzuholen, die sie unter der Woche nicht erledigen konnte.

Mit der Zeit bemerkte Tara Veränderungen in ihrem Leben. Sie war ständig müde, ihre Freundschaften verblassten und ihr Gesundheitszustand verschlechterte sich. Sie konnte sich nicht erinnern, wann sie das letzte Mal Urlaub hatte. Der Tropfen, der das Fass zum Überlaufen brachte, war ein schweres Burnout, das sie dazu veranlasste, sich beurlauben zu lassen. Es war ein Weckruf, der ihr die Bedeutung der Work-Life-Balance bewusst machte. Tara lernte, Grenzen zu setzen und ihr Wohlbefinden in den Vordergrund zu stellen, was sie letztendlich effektiver bei der Arbeit und glücklicher in ihrem Privatleben machte.

Geschichte 2: Der Unternehmer.

Michael träumte immer davon, ein eigenes Unternehmen zu führen. Er gründete mit ein paar Freunden ein Technologie-Startup und die ersten Tage waren voller Aufregung und endloser Arbeitszeiten. Die Startup-Kultur verherrlichte den Trott, in dem jeder die ganze Nacht durcharbeitete und am Wochenende arbeitete, um das Unternehmen auf die Beine zu stellen.

Mit dem Wachstum des Unternehmens wuchs auch der Druck. Michael arbeitete rund um die Uhr und jonglierte mit Investorentreffen, Produktentwicklung und Teammanagement. Sein Privatleben geriet in den Hintergrund. Die Beziehungen litten darunter und sein Gesundheitszustand begann sich zu verschlechtern. Er war immer nervös und hatte das Gefühl, dass er es sich nicht leisten konnte, eine Pause einzulegen.

Eines Tages bekam Michael mitten in einer Besprechung eine Panikattacke. Es war eine deutliche Erinnerung daran, dass er dieses Tempo nicht auf unbestimmte Zeit aufrechterhalten konnte. Michael erkannte, dass er ein Gleichgewicht finden musste, um sein Geschäft und seine Gesundheit aufrechtzuerhalten. Er begann, Aufgaben zu delegieren, Arbeitszeiten festzulegen und sich Zeit für Bewegung und Entspannung zu nehmen. Dieser Wandel verbesserte nicht nur sein Wohlbefinden, sondern steigerte auch seine Führung und den Gesamterfolg seines Unternehmens.

Geschichte 3: Der berufstätige Elternteil.

Helen ist berufstätige Mutter von zwei kleinen Kindern. Sie arbeitet Vollzeit als Krankenschwester, ein Job, der sowohl körperlich als auch emotional anstrengend ist. Ihre Tage sind ein Wirrwarr aus frühen Morgenstunden, hektischen Schichten und dem Versuch, vor dem Schlafengehen noch Zeit für ihre Kinder zu haben.

Helen fühlte sich oft schuldig – schuldig, weil sie nicht genug Zeit mit ihren Kindern verbracht hatte, schuldig, weil sie nicht lange bei der Arbeit bleiben konnte, und schuldig, weil sie nicht auf sich selbst aufgepasst hatte. Sie hatte selten Zeit für ihre Hobbys oder auch nur einen Moment zum Entspannen. Der Stress belastete ihre Gesundheit und sie fühlte sich zunehmend gereizt und überfordert.

Eines Abends, nach einem besonders anstrengenden Tag, brach Helen zusammen. Ihr wurde klar, dass sie so nicht weitermachen konnte. Mit der Unterstützung ihrer Familie beschloss sie, einige Veränderungen vorzunehmen. Helen handelte einen flexibleren Arbeitsplan aus, begann, der Selbstfürsorge Vorrang einzuräumen, und suchte Hilfe bei Haushaltspflichten. Diese Anpassungen ermöglichten es ihr, bei ihren Kindern präsenter und konzentrierter bei der Arbeit zu sein, was zu einem gesünderen Gleichgewicht führte.

Geschichte 4: Der Remote-Mitarbeiter.

Während der Pandemie wurde Darwins Job auf Fernarbeit umgestellt. Anfangs gefielen ihm die Flexibilität und die zusätzliche Zeitersparnis durch den Wegfall des Pendelns. Allerdings begannen die Grenzen zwischen Arbeit und Zuhause schnell zu verschwimmen. Er musste länger arbeiten, oft bis spät in die Nacht. Das Fehlen einer klaren Grenze zwischen Arbeit und Privatzeit machte es ihm schwer, abzuschalten.

Darwin litt unter ständiger Müdigkeit und fühlte sich von seiner Familie getrennt, obwohl sie alle unter einem Dach lebten. Er vermisste die sozialen Interaktionen und die Struktur des Büros, die ihm dabei geholfen hatten, eine bessere Work-Life-Balance aufrechtzuerhalten.

Da Darwin die Notwendigkeit einer Veränderung erkannte, richtete er einen eigenen Arbeitsbereich ein und legte klare Arbeitszeiten fest. Er legte außerdem Wert darauf, regelmäßig Pausen einzulegen und sich an Aktivitäten zu beteiligen, die ihm dabei halfen, abzuschalten. Diese Schritte halfen ihm, eine gesündere Balance zwischen seinem Berufs- und Privatleben zu schaffen und die Remote-Arbeit nachhaltiger zu gestalten.

Geschichte 5: Die Pflegekraft.

Lindas Geschichte ist etwas anders. Sie kümmert sich um ihre älteren Eltern und arbeitet gleichzeitig hauptberuflich als Lehrerin. Es war eine unglaubliche Herausforderung, ihren Job mit den Pflegeaufgaben zu vereinbaren. Ihre Tage waren vom Morgengrauen bis zur Abenddämmerung voll, so dass sie kaum Zeit für sich selbst hatte.

Linda fühlte sich oft überfordert und emotional ausgelaugt. Der ständige Jonglierakt beeinträchtigte ihre Arbeitsleistung und ihre Fähigkeit, sich effektiv um ihre Eltern zu kümmern. Sie befand sich in einem Kreislauf aus Stress und Erschöpfung, dessen Ende nicht in Sicht war.

Schließlich bat Linda um Unterstützung. Sie suchte Hilfe bei Familienmitgliedern und erkundete gemeinschaftliche Ressourcen für Betreuer. Dieses Unterstützungsnetzwerk verschaffte ihr die dringend benötigte Erleichterung und ermöglichte ihr, ein besseres Gleichgewicht zu finden. Indem Linda auf sich selbst aufpasste, konnte sie sich besser um ihre Eltern kümmern und ihre Arbeit effektiver erledigen.

Abschluss.

Diese wahren Geschichten veranschaulichen die vielfältigen Möglichkeiten, auf denen sich ein Ungleichgewicht zwischen Berufs- und Privatleben manifestieren kann, und die tiefgreifenden Auswirkungen, die es auf unser Leben haben kann. Ganz gleich, ob Sie in einem Unternehmen, als

Unternehmer, als berufstätiger Elternteil, als Fernarbeiter oder als Betreuer tätig sind, der Kampf um die Vereinbarkeit von Berufs- und Privatleben ist allgegenwärtig.

Das Erkennen der Anzeichen eines Ungleichgewichts ist der erste Schritt zu sinnvollen Veränderungen. Es ist wichtig, auf Ihr Wohlbefinden zu achten und proaktive Maßnahmen zu ergreifen, um ein nachhaltiges Gleichgewicht zu schaffen. Dazu kann es gehören, Grenzen zu setzen, Unterstützung zu suchen, der Selbstfürsorge Priorität einzuräumen und flexibel auf Ihre Erwartungen einzugehen.

Die Vereinbarkeit von Beruf und Privatleben ist keine einmalige Aufgabe, sondern ein fortlaufender Prozess, der Aufmerksamkeit und Anpassung erfordert. Indem Sie die Anzeichen von Ungleichgewicht verstehen und aus echten Geschichten lernen, können Sie Schritte unternehmen, um Ihr Leben von den überwältigenden Anforderungen der Arbeit zu befreien und ein erfüllteres, ausgeglicheneres Leben zu schaffen.

Reflexionsfragen.

1. Wie sieht Balance für Sie aus?

- Reflektieren Sie, was eine ideale Work-Life-Balance für Sie persönlich bedeutet. Welche Aktivitäten oder Aspekte Ihres Lebens sind für Sie außerhalb der Arbeit am wichtigsten? Wie verteilen Sie derzeit Ihre Zeit zwischen Beruf und Privatleben und welche Veränderungen würden Sie gerne vornehmen?

2. Persönliche Anzeichen von Ungleichgewicht erkennen.

- Denken Sie über die im Kapitel besprochenen Anzeichen einer Unausgewogenheit zwischen Berufs- und Privatleben nach. Wie haben Sie eines dieser Zeichen in Ihrem eigenen Leben erlebt? Welche davon berühren Sie am meisten und wie haben sie sich auf Ihr Wohlbefinden und Ihre Beziehungen ausgewirkt?

3. Den Mythos vom perfekten Gleichgewicht entlarven.

- Reflektieren Sie über das Konzept der „perfekten" Work-Life-Balance. Wie hat dieser Mythos Ihre Erwartungen und Handlungen beeinflusst? Wie können Sie Ihre Denkweise anpassen, um einen flexibleren und realistischeren Ansatz zur Vereinbarkeit von Beruf und Privatleben zu akzeptieren?

4. Aus echten Geschichten lernen.

- Betrachten Sie die wahren Geschichten, die in diesem Kapitel erzählt werden. Welche Geschichte fandest du am nachvollziehbarsten und warum?

Welche Lehren können Sie aus diesen Geschichten ziehen und auf Ihre eigene Lebens- und Arbeitssituation anwenden?

Transformative Übungen.

1. Zeitaudit:

- Führen Sie eine Woche lang ein detailliertes Protokoll darüber, wie Sie jeden Tag Ihre Zeit verbringen. Beziehen Sie sowohl berufliche als auch persönliche Aktivitäten ein. Überprüfen Sie am Ende der Woche Ihr Protokoll, um Muster und Bereiche zu identifizieren, in denen Sie sich möglicherweise zu sehr auf die Arbeit konzentrieren oder Ihre persönliche Zeit vernachlässigen. Nutzen Sie diese Erkenntnisse, um Anpassungen vorzunehmen und einen ausgewogeneren Zeitplan zu erstellen.

2. Erstellen eines Vision Boards:

- Erstellen Sie ein Vision Board, das Ihre ideale Work-Life-Balance darstellt.

Fügen Sie Bilder, Wörter und Symbole ein, die Ihre persönlichen Ziele, Hobbys und die Art der gewünschten Arbeitsumgebung widerspiegeln. Platzieren Sie Ihr Vision Board an einem gut sichtbaren Ort, um sich an Ihre Prioritäten zu erinnern und Sie zu positiven Veränderungen zu motivieren.

3. SMARTe Ziele setzen:

- Legen Sie spezifische, messbare, erreichbare, relevante und zeitgebundene (SMART) Ziele fest, um Ihre Work-Life-Balance zu verbessern.

Sie können sich zum Beispiel das Ziel setzen, die Arbeit dreimal pro Woche bis 18:00 Uhr zu verlassen, um mehr Zeit mit der Familie zu verbringen, oder jedes Wochenende eine Stunde einem persönlichen Hobby zu widmen. Behalten Sie

Ihre Fortschritte im Auge und nehmen Sie gegebenenfalls Anpassungen an Ihren Zielen vor.

KAPITEL ZWEI.
SETZEN SIE IHRE PRIORITÄTEN.

Auf unserem Weg, das Leben von der Arbeit zurückzugewinnen, ist es wichtig, Ihre Prioritäten zu verstehen und zu setzen. Wenn Sie wissen, was Ihnen wirklich wichtig ist, fällt es Ihnen leichter, Entscheidungen zu treffen, die Ihren Werten und Zielen entsprechen. Dieses Kapitel wird Ihnen dabei helfen, herauszufinden, was Ihnen wichtig ist, und die Kraft des Nein-Sagens zu nutzen, um ein ausgeglichenes und erfülltes Leben zu schaffen.

WAS IST IHNEN WIRKLICH WICHTIG?

Um Ihre Prioritäten festzulegen, müssen Sie zunächst herausfinden, was Ihnen wirklich wichtig ist. Das hört sich vielleicht einfach an, aber in der Hektik des Alltags verliert man leicht die eigenen Grundwerte und das, was einem Freude bereitet, aus den Augen. Hier sind einige Schritte, die Ihnen helfen, Ihre wahren Prioritäten herauszufinden:

1. Denken Sie über Ihre Werte nach:

Nehmen Sie sich etwas Zeit, um über Ihre Werte nachzudenken. Dies sind die Prinzipien und Überzeugungen, die Ihre Entscheidungen und die von Ihnen ergriffenen Maßnahmen beeinflussen. Stellen Sie sich Fragen wie:

- Wofür stehe ich?

- Was gibt mir das Gefühl, erfüllt zu sein?

- Was ist meine Leidenschaft?

Schreiben Sie Ihre Gedanken auf und identifizieren Sie gemeinsame Themen. Zu Ihren Werten können Familie, Gesundheit, persönliches Wachstum, Kreativität oder Engagement in der Gemeinschaft gehören. Das Verständnis Ihrer Werte ist die Grundlage für die Festlegung sinnvoller Prioritäten.

2. Bewerten Sie Ihre Zeit und Energie:

Schauen Sie sich an, wie Sie derzeit Ihre Zeit und Energie verbringen. Entspricht es Ihren Werten? Führen Sie eine Woche lang ein Tagebuch über Ihre täglichen Aktivitäten und wie viel Zeit Sie dafür aufwenden. Diese Übung kann Diskrepanzen zwischen Ihren Werten und dem Zeitaufwand aufdecken. Sie werden vielleicht feststellen, dass die Arbeit den größten Teil Ihres Tages in Anspruch nimmt und wenig Raum für andere wichtige Aspekte Ihres Lebens lässt.

3. Definieren Sie Ihre Ziele:

Das Festlegen klarer Ziele kann Ihnen dabei helfen, Ihre Zeit und Ihren Aufwand zu priorisieren.

Berücksichtigen Sie unter anderem Ihre Ziele für Ihre Arbeit, Ihre Beziehungen, Ihre Gesundheit und Ihr persönliches Wachstum. Ihre Ziele sollten Ihre wahren Prioritäten widerspiegeln und mit Ihren Prinzipien im Einklang stehen. Wenn die Familie beispielsweise oberste Priorität hat, könnte ein Ziel darin bestehen, dreimal pro Woche mit der Familie zu Abend zu essen.

4. Identifizieren Sie Ihre nicht verhandelbaren Dinge:

Nicht verhandelbare Dinge sind die Aspekte Ihres Lebens, bei denen Sie keine Kompromisse eingehen möchten. Dies sind die Dinge, die für Ihr Glück und Wohlbefinden wesentlich sind. Sie könnten zum Beispiel entscheiden, dass es nicht verhandelbar ist, dreimal pro Woche Sport zu treiben oder Wochenenden mit Ihren Liebsten zu verbringen. Wenn Sie diese identifizieren, können Sie Entscheidungen treffen, die Ihren Prioritäten gerecht werden.

5. Regelmäßig neu bewerten:

Ihre Prioritäten können sich im Laufe der Zeit ändern, und das ist in Ordnung. Bewerten Sie regelmäßig neu, was Ihnen wichtig ist, und passen Sie Ihre Prioritäten entsprechend an. Das Leben ist dynamisch und wenn Sie flexibel bleiben, können Sie sich an neue Umstände anpassen und gleichzeitig Ihren Werten treu bleiben.

Die Macht, nein zu sagen.

Nein zu sagen kann unglaublich kraftvoll sein. Es ermöglicht Ihnen, Ihre Zeit und Energie zu schonen, sich auf das Wesentliche zu konzentrieren und ein gesundes Gleichgewicht zwischen Arbeit und Privatleben aufrechtzuerhalten. Für viele von uns kann es jedoch eine Herausforderung sein, Nein zu sagen. Wir fürchten uns davor, andere zu enttäuschen, Chancen zu verpassen oder unkooperativ zu wirken. Hier sind einige Strategien, die Ihnen helfen, die Kraft des Nein-Sagens zu nutzen:

1. Verstehen Sie Ihre Grenzen:

Bevor Sie effektiv Nein sagen können, müssen Sie Ihre Grenzen verstehen. Seien Sie ehrlich zu sich selbst und sagen Sie, wie viel Sie bewältigen können, ohne Ihr Wohlbefinden zu beeinträchtigen. Wenn Sie Ihre Grenzen kennen, können Sie fundierte Entscheidungen darüber treffen, was Sie annehmen und was Sie ablehnen.

2. Priorisieren Sie Ihre Verpflichtungen:

Wenn Sie mit einer neuen Anfrage oder Gelegenheit konfrontiert werden, denken Sie über Ihre bestehenden Verpflichtungen nach und darüber, wie diese neue Aufgabe zu Ihren Prioritäten passt. Wenn es mit Ihren Werten und Zielen übereinstimmt und Sie die Fähigkeit haben, es in Angriff zu nehmen, ist das großartig! Wenn nicht, ist es in Ordnung, abzulehnen. Durch die Priorisierung Ihrer Verpflichtungen stellen Sie sicher, dass Sie Ihre Zeit und Energie den wirklich wichtigen Dingen widmen.

3. Üben Sie höfliche und feste Antworten:

Nein zu sagen muss nicht hart oder unfreundlich sein. Üben Sie höfliche und klare Antworten, die Ihre Entscheidung klar zum Ausdruck bringen. Zum Beispiel:

- „Ich schätze das Angebot, konzentriere mich aber derzeit auf andere Verpflichtungen."

- „Danke, dass Sie an mich gedacht haben, aber das kann ich im Moment nicht übernehmen."

- „Ich fühle mich durch die Gelegenheit geehrt, aber ich muss meinen aktuellen Projekten Priorität einräumen."

Diese Antworten zeigen Respekt für die andere Person und behaupten gleichzeitig Ihre Grenzen.

4. Alternativen anbieten:

Wenn Sie nicht helfen können, denken Sie darüber nach, Alternativen anzubieten. Dies kann bedeuten, dass Sie eine andere Person vorschlagen, die Ihnen helfen kann, oder einen anderen Zeitplan vorschlagen, der für Sie besser geeignet ist. Das Anbieten von Alternativen zeigt, dass Sie immer noch bereit sind, zu helfen, ohne Ihre Prioritäten zu gefährden.

5. Setzen Sie Technologie mit Bedacht ein:

Im heutigen digitalen Zeitalter kann Technologie unsere Fähigkeit, Nein zu sagen, sowohl unterstützen als auch behindern. Nutzen Sie Tools und Apps, um Ihre Zeit effektiv zu verwalten, Erinnerungen einzurichten und Zeiträume für konzentrierte Arbeit oder persönliche Aktivitäten zu blockieren. Achten Sie gleichzeitig darauf, sich nicht zu sehr mit digitalen Mitteln zu engagieren. Es ist leicht, zu virtuellen Besprechungen und Aufgaben Ja zu sagen, ohne deren kumulativen Auswirkungen auf Ihren Zeitplan zu berücksichtigen.

6. Denken Sie über die Konsequenzen nach:

Bedenken Sie die langfristigen Konsequenzen, wenn Sie zu vielen Dingen Ja sagen. Übermäßiges Engagement kann zu Stress, Burnout und einer Verschlechterung der Qualität Ihrer Arbeit und Ihres Privatlebens führen. Das Nachdenken über diese Konsequenzen kann Ihnen die Motivation geben, bei Bedarf Nein zu sagen.

7. Nutzen Sie die Vorteile:

Nutzen Sie die Vorteile, Nein zu sagen. Wenn Sie Ihre Zeit und Energie schützen, können Sie sich auf Ihre Prioritäten konzentrieren, Ihre Ziele erreichen und eine gesündere Work-Life-Balance aufrechterhalten. Wenn Sie Nein sagen, können Sie ein Leben führen, das Ihren Werten entspricht und Ihnen Freude und Erfüllung bringt.

RICHTEN SIE IHR LEBEN AN IHREN WERTEN AUS.

Um ein erfülltes Leben zu führen, ist es wichtig, dass Sie Ihre Handlungen, Entscheidungen und Zeit mit Ihren Grundwerten in Einklang bringen. Aber was bedeutet es, Ihr Leben an Ihren Werten auszurichten? Einfach ausgedrückt bedeutet es, sicherzustellen, dass Ihre täglichen Aktivitäten und langfristigen Ziele das widerspiegeln, was Ihnen am wichtigsten ist. So geht's:

1. Identifizieren Sie Ihre Grundwerte:

Ihre Grundwerte sind die Grundüberzeugungen, die Ihr Verhalten und Ihre Entscheidungen leiten. Sie repräsentieren, wofür Sie stehen und was Sie im Leben am bedeutungsvollsten finden. Zu den gemeinsamen Werten gehören Familie, Gesundheit, Integrität, Mitgefühl, Kreativität und persönliches Wachstum. Um Ihre Grundwerte zu identifizieren, stellen Sie sich diese Fragen:

- Welche Grundsätze leiten meine Entscheidungen?

- Was macht mich am glücklichsten und erfülltesten?

- Wofür stehe ich, egal was passiert?

Schreiben Sie Ihre Antworten auf und suchen Sie nach wiederkehrenden Themen. Diese Themen repräsentieren wahrscheinlich Ihre Grundwerte.

2. Denken Sie über Ihr aktuelles Leben nach:

Nachdem Sie Ihre Grundwerte identifiziert haben, werfen Sie einen Blick darauf, wie Sie derzeit Ihre Zeit und Energie verbringen. Spiegelt Ihr Tagesablauf Ihre Werte wider? Stimmen Ihre langfristigen Ziele mit dem überein, was Ihnen wirklich wichtig ist? Wenn zum Beispiel die Familie ein zentraler Wert ist, Sie aber berufsbedingt regelmäßig auf Familienessen verzichten, liegt ein Missverhältnis vor, das behoben werden muss.

3. Setzen Sie sich Ziele, die Ihre Werte widerspiegeln:

Das Setzen von Zielen, die mit Ihren Werten übereinstimmen, hilft Ihnen, ein sinnvolles und erfüllendes Leben zu gestalten. Überlegen Sie, was Sie in verschiedenen Aspekten Ihres Lebens erreichen möchten, beispielsweise in Ihrer Karriere, Ihren Beziehungen, Ihrer Gesundheit und Ihrer persönlichen Entwicklung. Stellen Sie sicher, dass diese Ziele Ihre Grundwerte widerspiegeln. Wenn beispielsweise die Gesundheit Priorität hat, setzen Sie sich zum Ziel, regelmäßig Sport zu treiben und nahrhafte Lebensmittel zu sich zu nehmen.

4. Treffen Sie wertebasierte Entscheidungen:

Wenn Sie vor großen oder kleinen Entscheidungen stehen, überlegen Sie, wie diese mit Ihren Werten übereinstimmen. Dieser Ansatz kann Ihnen helfen, sich selbst treu zu bleiben und Handlungen zu vermeiden, die zu Unzufriedenheit führen. Wenn beispielsweise Integrität ein zentraler Wert ist, könnten Sie sich gegen eine Stellenausschreibung entscheiden, bei der

Sie Kompromisse bei Ihren ethischen Standards eingehen müssen.

5. Priorisieren Sie Ihre Zeit und Energie:

Zeit und Energie sind endliche Ressourcen und die Art und Weise, wie Sie sie einteilen, sollte Ihre Werte widerspiegeln. Priorisieren Sie Aktivitäten und Verpflichtungen, die mit dem übereinstimmen, was Ihnen am wichtigsten ist. Wenn Kreativität ein zentraler Wert ist, nehmen Sie sich Zeit für Hobbys und Projekte, die es Ihnen ermöglichen, sich künstlerisch auszudrücken.

6. Kommunizieren Sie Ihre Werte:

Teilen Sie Ihre Werte mit den wichtigen Menschen in Ihrem Leben. Die Vermittlung Ihrer Werte hilft anderen, Ihre Prioritäten zu verstehen, und kann zu unterstützenderen Beziehungen führen. Wenn es Ihnen beispielsweise wichtig ist, Zeit mit der Familie zu verbringen, teilen Sie Ihrem Arbeitgeber und Ihren Kollegen mit, dass Sie während des Familienessens nicht für geschäftliche Anrufe zur Verfügung stehen.

7. Neu bewerten und anpassen:

Das Leben ist dynamisch und Ihre Werte können sich im Laufe der Zeit ändern. Bewerten Sie Ihre Werte und Prioritäten regelmäßig neu, um sicherzustellen, dass sie bei Ihnen immer noch Anklang finden. Passen Sie Ihre Ziele und Maßnahmen nach Bedarf an, um im Einklang mit dem zu bleiben, was wirklich wichtig ist.

MACHEN SIE EINE ÜBUNG, UM IHRE PRIORITÄTEN ZU ENTDECKEN.

Das Entdecken Ihrer Prioritäten erfordert Selbstbeobachtung und die Bereitschaft, herauszufinden, was Ihnen wirklich wichtig ist. Die folgenden Übungen können Ihnen dabei helfen, Ihre Prioritäten zu erkennen und Sie auf den Weg zu einem ausgeglicheneren Leben zu bringen.

1. Die Werteklärungsübung:

Diese Übung hilft Ihnen, Ihre Grundwerte zu identifizieren, indem Sie über Ihre vergangenen Erfahrungen und aktuellen Überzeugungen nachdenken. So geht's:

Schritt 1: Reflektieren Sie vergangene Erfahrungen

Denken Sie an Momente in Ihrem Leben, in denen Sie sich am erfülltesten und glücklichsten gefühlt haben. Was hast du gemacht? Bei wem warst Du? Warum waren diese Momente für Sie bedeutsam? Schreiben Sie Ihre Gedanken auf.

Schritt 2: Identifizieren Sie gemeinsame Themen

Suchen Sie in Ihren Überlegungen nach gemeinsamen Themen. Diese Themen repräsentieren Ihre Grundwerte. Wenn Ihre glücklichsten Momente beispielsweise darin bestehen, anderen zu helfen, könnte Mitgefühl einer Ihrer Grundwerte sein.

Schritt 3: Schreiben Sie Ihre Werte auf

Erstellen Sie eine Liste der Werte, die Sie am meisten ansprechen. Versuchen Sie, 5–10 Grundwerte zu identifizieren, die widerspiegeln, was für Sie am wichtigsten ist.

Schritt 4: Ordnen Sie Ihre Werte

Ordnen Sie Ihre Werte nach Wichtigkeit. Dieser Schritt hilft Ihnen zu verstehen, welche Werte nicht verhandelbar und welche flexibler sind.

2. Die Lebensrad-Übung:

Das Lebensrad ist ein visuelles Tool, das Ihnen hilft, verschiedene Bereiche Ihres Lebens einzuschätzen und zu erkennen, wo Sie Ihre Prioritäten möglicherweise anpassen müssen. So verwenden Sie es:

Schritt 1: Zeichnen Sie das Rad

Zeichnen Sie einen Kreis und teilen Sie ihn in acht Teile. Beschriften Sie jedes Segment mit einem anderen Bereich Ihres Lebens, z. B. Karriere, Beziehungen, Gesundheit, persönliches Wachstum, Erholung, Finanzen, Spiritualität und häusliche Umgebung.

Schritt 2: Bewerten Sie jeden Bereich

Bewerten Sie Ihre Zufriedenheit mit jedem Bereich auf einer Skala von 1 bis 10, wobei 1 sehr unzufrieden und 10 sehr zufrieden bedeutet. Schattieren Sie jedes Segment entsprechend Ihrer Bewertung.

Schritt 3: Analysieren Sie das Rad

Schauen Sie sich Ihr Lebensrad an. Welche Bereiche sind am befriedigendsten und welche am wenigsten? Diese visuelle Darstellung kann Ihnen helfen zu erkennen, worauf Sie Ihre Zeit und Energie konzentrieren müssen, um ein ausgeglicheneres Leben zu schaffen.

3. Die Prioritätsmatrix:

Die Prioritätsmatrix ist ein Tool, mit dem Sie Aufgaben und Verpflichtungen nach Wichtigkeit und Dringlichkeit kategorisieren können. So verwenden Sie es:

Schritt 1: Zeichnen Sie die Matrix

Zeichnen Sie ein Vierquadrantengitter. Beschriften Sie die Quadranten wie folgt:

- Quadrant 1: Dringend und wichtig

- Quadrant 2: Wichtig, aber nicht dringend

- Quadrant 3: Dringend, aber nicht wichtig

- Quadrant 4: Nicht dringend und nicht wichtig

Schritt 2: Listen Sie Ihre Aufgaben auf

Schreiben Sie alle Ihre Aufgaben und Verpflichtungen auf. Kategorisieren Sie sie dann in die entsprechenden Quadranten.

Schritt 3: Analysieren Sie Ihre Aufgaben

Konzentrieren Sie sich auf Aufgaben in Quadrant 2 (wichtig, aber nicht dringend). Diese Aufgaben stimmen mit Ihren langfristigen Zielen und Werten überein, werden jedoch aufgrund der täglichen Dringlichkeit oft übersehen. Durch die Priorisierung dieser Aufgaben können Sie bedeutende Fortschritte bei der Verwirklichung Ihrer Ziele erzielen und ein ausgeglicheneres Leben führen.

4. Die ideale Tagesübung:

Wenn Sie sich Ihren idealen Tag vorstellen, können Sie erkennen, was Ihnen wirklich wichtig ist und wie Sie Ihre Zeit verbringen möchten. So geht's:

Schritt 1: Visualisieren Sie Ihren idealen Tag

Schließen Sie die Augen und stellen Sie sich Ihren idealen Tag vom Anfang bis zum Ende vor. Wo bist du? Was machst du? Mit wem sind Sie zusammen? Wie fühlen Sie sich?

Schritt 2: Notieren Sie Ihren idealen Tag

Schreiben Sie eine detaillierte Beschreibung Ihres perfekten Tages auf. Beziehen Sie alles ein, von Ihrer Morgenroutine bis hin zu Ihrer Abendroutine.

Schritt 3: Identifizieren Sie Schlüsselelemente

Identifizieren Sie die Schlüsselelemente, die Ihren idealen Tag erfüllend und bedeutungsvoll machen. Diese Elemente spiegeln Ihre Prioritäten wider.

Schritt 4: Nehmen Sie Anpassungen vor

Vergleichen Sie Ihren idealen Tag mit Ihrer aktuellen Routine. Welche Änderungen können Sie vornehmen, um Ihren Alltag besser an Ihren idealen Tag anzupassen? Nehmen Sie zunächst kleine Anpassungen vor und integrieren Sie nach und nach weitere Elemente Ihres idealen Tages in Ihre Routine.

5. Das Reflexionsjournal:

Das Führen eines Reflexionstagebuchs ist eine wirksame Möglichkeit, Ihre Prioritäten im Laufe der Zeit zu entdecken und zu bestätigen. So fangen Sie an:

Schritt 1: Tägliche Reflexionen

Nehmen Sie sich jeden Tag ein paar Minuten Zeit, um in Ihr Tagebuch zu schreiben. Denken Sie darüber nach, wie Sie Ihren Tag verbracht haben, welche Aktivitäten Ihnen Freude bereitet haben und was sich wie eine Belastung für Sie anfühlte. Notieren Sie sich alle Momente, in denen Sie das Gefühl hatten, Ihren Werten besonders nahe zu kommen oder nicht.

Schritt 2: Wöchentliche Zusammenfassungen

Überprüfen Sie am Ende jeder Woche Ihre täglichen Überlegungen und schreiben Sie eine Zusammenfassung Ihrer Woche. Identifizieren Sie Muster und wiederkehrende Themen. Überlegen Sie, wie Ihre Aktivitäten mit Ihren Grundwerten und Zielen übereinstimmen.

Schritt 3: Monatliche Bewertungen

Überprüfen Sie einmal im Monat Ihre wöchentlichen Zusammenfassungen und bewerten Sie Ihre Fortschritte auf dem Weg zu einem Leben, das Ihren Prioritäten entspricht. Passen Sie Ihre Pläne und Maßnahmen basierend auf Ihren Überlegungen an.

6. Das Vision Board:

Das Erstellen eines Vision Boards ist eine kreative Möglichkeit, Ihre Prioritäten zu visualisieren und sie im Gedächtnis zu behalten. So machen Sie einen:

Schritt 1: Vorräte sammeln

Sammeln Sie Zeitschriften, Zeitungen, Fotos und andere visuelle Materialien, die Sie inspirieren. Sie benötigen außerdem eine Plakatwand, eine Schere, Kleber und Marker.

Schritt 2: Identifizieren Sie Ihre Prioritäten

Denken Sie über Ihre Grundwerte und Ziele nach. Überlegen Sie, welche Prioritäten Sie in verschiedenen Bereichen Ihres Lebens setzen möchten, beispielsweise Gesundheit, Beziehungen, Karriere und persönliches Wachstum.

Schritt 3: Erstellen Sie Ihr Vision Board

Schneiden Sie Bilder, Wörter und Sätze aus, die Ihre Prioritäten und Ziele darstellen. Ordnen Sie sie auf Ihrer Plakatwand so an, dass sie für Sie sinnvoll sind. Verwenden Sie Markierungen, um zusätzliche Wörter oder Illustrationen hinzuzufügen.

Schritt 4: Zeigen Sie Ihr Vision Board an

Platzieren Sie Ihr Vision Board an einem Ort, an dem Sie es regelmäßig sehen, beispielsweise in Ihrem Schlafzimmer oder Büro. Lassen Sie es als tägliche Erinnerung daran dienen, was Ihnen wichtig ist und worauf Sie hinarbeiten.

Die Macht der Prioritäten bei der Rückgewinnung Ihres Lebens.

Das Setzen und Leben nach Prioritäten ist transformativ. Es ermöglicht Ihnen, die Kontrolle über Ihre Zeit und Energie zu behalten, sich auf das Wesentliche zu konzentrieren und ein erfülltes und ausgeglichenes Leben zu führen. So können Sie durch die Übernahme Ihrer Prioritäten Ihr Leben von der Arbeit zurückgewinnen:

1. Erhöhte Erfüllung:

Wenn Ihr Handeln Ihren Werten entspricht, erleben Sie ein tieferes Gefühl der Erfüllung und Zufriedenheit. Aktivitäten und Ziele, die Ihre Prioritäten widerspiegeln, bringen mehr Freude und Sinn in Ihr Leben.

2. Reduzierter Stress:

Wenn Sie sich auf Ihre Prioritäten konzentrieren, können Sie Ihre Zeit und Energie effektiver verwalten und das Gefühl von Überforderung und Stress reduzieren. Sie sind besser gerüstet, Nein zu Ablenkungen und Verpflichtungen zu sagen, die nicht Ihren Werten entsprechen.

3. Verbesserte Beziehungen:

Wenn Sie sich an Ihre Prioritäten halten, können Sie mehr Zeit und Energie in sinnvolle Beziehungen investieren. Sie können die Verbindung zu Familie und Freunden pflegen, was zu stärkeren, unterstützenderen Beziehungen führt.

4. Verbessertes Wohlbefinden:

Für ein ausgeglichenes Leben ist es wichtig, Ihrer Gesundheit und Ihrem Wohlbefinden Priorität einzuräumen. Wenn Sie sich Zeit für Selbstpflege, Bewegung und Entspannung nehmen, verbessern Sie Ihre körperliche und geistige Gesundheit und führen zu einem glücklicheren und energiegeladeneren Leben.

5. Höhere Produktivität:

Wenn Sie sich auf Ihre Prioritäten konzentrieren, können Sie Ihre Produktivität und Effizienz steigern. Wenn Sie sich darüber im Klaren sind, was am wichtigsten ist, können Sie Ihre Ziele sowohl persönlich als auch beruflich effektiver setzen und erreichen.

6. Persönliches Wachstum:

Das Leben nach Ihren Prioritäten fördert kontinuierliches persönliches Wachstum. Es ist wahrscheinlicher, dass Sie

Aktivitäten und Ziele verfolgen, die Sie herausfordern und Ihnen dabei helfen, neue Fähigkeiten und Perspektiven zu entwickeln.

Abschluss

Das Setzen Ihrer Prioritäten und die Ausrichtung Ihres Lebens an Ihren Werten ist entscheidend, um Ihr Leben von der Arbeit zurückzugewinnen. Indem Sie verstehen, was Ihnen wirklich wichtig ist, und mithilfe von Übungen Ihre Prioritäten entdecken und klären, können Sie ein Leben schaffen, das ausgeglichen, erfüllend und Ihre Grundwerte widerspiegelt.

Begeben Sie sich auf die Reise, Ihre Prioritäten zu entdecken und danach zu leben. Es ist ein kraftvoller Schritt, um Ihr Leben zurückzugewinnen und eine Zukunft zu schaffen, die Ihr wahres Selbst widerspiegelt. Wenn Sie Ihre Handlungen, Entscheidungen und Zeit an Ihren Werten ausrichten, werden Sie mehr Erfüllung, weniger Stress, bessere Beziehungen, mehr Wohlbefinden und kontinuierliches persönliches Wachstum erleben. Dies ist Ihr Leben, und Sie haben die Macht, es so zu gestalten, dass es Ihnen Freude und Sinn bringt.

Indem Sie Ihre Prioritäten setzen und danach leben, können Sie Ihr Leben von den überwältigenden Anforderungen der Arbeit befreien und ein ausgeglichenes, erfüllendes Leben schaffen, das widerspiegelt, was Ihnen wirklich wichtig ist. Beginnen Sie noch heute und machen Sie den ersten Schritt in Richtung eines Lebens, das Ihren Werten entspricht und voller Sinn und Freude ist.

Reflexionsfragen: Was ist Ihnen wirklich wichtig?

1. Wann fühlst du dich am meisten mit deinem wahren Selbst verbunden und was machst du in diesen Zeiten?

2. Auf welche Errungenschaften oder Momente in Ihrem Leben sind Sie am meisten stolz und was verraten sie über Ihre Werte?

3. Wie möchten andere in Erinnerung bleiben und welches Erbe möchten Sie hinterlassen?

4. Wenn Sie unbegrenzte Zeit und Ressourcen hätten, wie würden Sie Ihre Tage verbringen?

Transformative Übung: Das Grundwerte-Inventar

Schritt 1: Listen Sie Ihre Werte auf

Schreiben Sie mindestens 20 Werte auf, die Sie ansprechen. Dazu können Wörter wie Familie, Gesundheit, Integrität, Abenteuer, Kreativität usw. gehören.

Schritt 2: Grenzen Sie Ihre Liste ein

Wählen Sie aus Ihrer Liste die zehn Werte aus, die Ihnen am wichtigsten erscheinen. Grenzen Sie es dann weiter auf Ihre fünf wichtigsten Grundwerte ein.

Schritt 3: Reflektieren und Prioritäten setzen

Schreiben Sie für jeden Ihrer fünf wichtigsten Werte einen kurzen Absatz darüber, warum er für Sie wichtig ist und wie er

Ihre Entscheidungen und Handlungen beeinflusst. Ordnen Sie diese Werte in der Reihenfolge ihrer Priorität.

Schritt 4: Richten Sie Ihre Aktionen aus

Denken Sie über Ihre alltäglichen Routinen und langfristigen Ambitionen nach. Identifizieren Sie alle Bereiche, in denen Ihr Handeln nicht mit Ihren Grundwerten übereinstimmt, und erstellen Sie einen Plan zur Anpassung.

Reflexionsfragen: Die Macht, Nein zu sagen

1. Welche Verpflichtungen oder Verpflichtungen verbrauchen derzeit die meiste Zeit und Energie und stimmen sie mit Ihren Werten überein?

2. Wie fühlen Sie sich, wenn Sie zu etwas Ja sagen, das Sie eigentlich nicht tun möchten?

3. Welche Ängste oder Überzeugungen halten Sie davon ab, öfter Nein zu sagen?

4. In welchen Bereichen Ihres Lebens würde ein Nein mehr Raum für das schaffen, was Ihnen wirklich wichtig ist?

5. Wie kann man üben, respektvoll und selbstbewusst Nein zu sagen?

Transformative Übung: Die Herausforderung, Nein zu sagen

Schritt 1: Identifizieren Sie Ihre Grenzen

Listen Sie die Bereiche Ihres Lebens auf, in denen Sie sich überfordert oder überfordert fühlen. Identifizieren Sie bestimmte Verpflichtungen oder Aufgaben, zu denen Sie möglicherweise Nein sagen könnten.

Schritt 2: Üben Sie, Nein zu sagen

Verpflichten Sie sich, in der nächsten Woche zu mindestens einer Bitte oder Verpflichtung Nein zu sagen, die nicht mit Ihren Werten oder Prioritäten übereinstimmt. Beginnen Sie mit kleineren, weniger einschüchternden Situationen.

Schritt 3: Reflektieren Sie die Erfahrung

Denken Sie nach jedem Nein-Sagen darüber nach, wie es sich angefühlt hat und was das Ergebnis war. Schreiben Sie über Ihre Gefühle und welche Auswirkungen diese auf Ihre Zeit und Energie hatten.

Reflexionsfragen: Richten Sie Ihre Arbeit an Ihren Werten aus.

1. Inwieweit stimmt Ihr aktueller Job mit Ihren Grundwerten überein oder nicht?

2. Welche Aspekte Ihrer Arbeit bereiten Ihnen die größte Zufriedenheit und warum?

3. Auf welche Weise ermöglicht oder behindert Ihr Job Ihr persönliches Wachstum und Ihre Entwicklung?

4. Welche Änderungen könnten Sie in Ihrer aktuellen Rolle vornehmen, um Ihren Werten besser gerecht zu werden?

5. Wenn Sie Ihren idealen Job gestalten könnten, wie würde er aussehen und warum?

Transformative Übung: Das Work Alignment Audit

Schritt 1: Bewerten Sie Ihre aktuelle Rolle

Listen Sie die Aufgaben, Verantwortlichkeiten und Ziele Ihres aktuellen Jobs auf. Denken Sie darüber nach, wie jeder einzelne mit Ihren Grundwerten übereinstimmt und Ihnen Zufriedenheit bringt.

Schritt 2: Fehlausrichtungen identifizieren

Heben Sie die Aspekte Ihres Jobs hervor, die nicht mit Ihren Werten übereinstimmen. Überlegen Sie, warum diese Elemente nicht aufeinander abgestimmt sind und welche Auswirkungen sie auf Ihr Wohlbefinden haben.

Schritt 3: Brainstorming von Lösungen

Überlegen Sie sich für jeden falsch ausgerichteten Aspekt mögliche Änderungen oder Lösungen. Dazu kann es gehören, Aufgaben zu delegieren, Ihren Ansatz zu ändern oder Anpassungen mit Ihrem Arbeitgeber zu besprechen.

Schritt 4: Handeln Sie

Erstellen Sie einen Plan zur Umsetzung dieser Änderungen. Beginnen Sie mit kleinen, überschaubaren Anpassungen und arbeiten Sie schrittweise auf größere, bedeutendere Änderungen hin. Verfolgen Sie Ihre Fortschritte und denken

Sie darüber nach, welche Auswirkungen diese Änderungen auf Ihre Ausrichtung und Zufriedenheit haben.

Reflexionsfragen: Übungen zur Entdeckung Ihrer Prioritäten

1. Wie priorisieren Sie derzeit Ihre Zeit und wie spiegelt dies Ihre wahren Werte wider?

2. Welche langfristigen Ziele haben Sie und wie passen diese zu dem, was Ihnen wirklich wichtig ist?

3. Welche Bereiche Ihres Lebens fühlen sich vernachlässigt und warum?

4. Wie bringen Sie kurzfristige Anforderungen mit langfristigen Prioritäten in Einklang?

5. Welche Veränderungen in Ihren Prioritäten sind Ihnen im vergangenen Jahr aufgefallen und was hat diese Veränderungen ausgelöst?

Transformative Übung: Die Priority Mapping-Übung

Schritt 1: Listen Sie Ihre täglichen Aktivitäten auf

Schreiben Sie alle Aktivitäten auf, denen Sie an einem typischen Tag nachgehen, einschließlich Arbeit, Hausarbeit, Freizeitaktivitäten und soziale Interaktionen.

Schritt 2: Kategorisieren Sie Ihre Aktivitäten

Kategorisieren Sie jede Aktivität basierend auf ihrer Übereinstimmung mit Ihren Grundwerten. Verwenden Sie Kategorien wie „stark ausgerichtet", „eher ausgerichtet" und „nicht ausgerichtet".

Schritt 3: Analysieren Sie Ihre Zeiteinteilung

Analysieren Sie, wie viel Zeit Sie für Aktivitäten in jeder Kategorie aufwenden. Identifizieren Sie Bereiche, in denen Sie viel Zeit mit Aktivitäten verbringen, die nicht Ihren Werten entsprechen.

Schritt 4: Teilen Sie Ihre Zeit neu ein

Erstellen Sie einen neuen Zeitplan, der Aktivitäten priorisiert, die Ihren Werten entsprechen. Nehmen Sie Anpassungen vor, um den Zeitaufwand für Aktivitäten, die nicht Ihren Prioritäten entsprechen, zu reduzieren oder zu eliminieren.

Schritt 5: Reflektieren und anpassen

Denken Sie nach einem Monat über Ihren neuen Zeitplan nach. Beurteilen Sie, ob Sie sich besser mit Ihren Werten und Prioritäten im Einklang fühlen. Nehmen Sie bei Bedarf weitere Anpassungen vor, um Ihre Ausrichtung und Ihr Gleichgewicht weiter zu verbessern.

KAPITEL DREI.
ZEITMANAGEMENT-TIPPS FÜR EIN AUSGEGLICHENES LEBEN.

DEN TAG AUFSCHLÜSSELN: DIE LÜCKEN FINDEN.

Die Vereinbarkeit von Beruf und Privatleben erfordert mehr als nur Absicht; Es erfordert praktische Strategien, die zu Ihrem einzigartigen Lebensstil passen. In diesem Abschnitt erfahren Sie, wie Sie Ihren Tag aufteilen, um Lücken zu finden und einen Zeitplan zu erstellen, der wirklich zu Ihnen passt. Schauen wir uns diese Zeitmanagement-Tipps an, die Ihnen dabei helfen, Ihr Leben von den überwältigenden Anforderungen der Arbeit zu befreien.

Zu verstehen, wo Ihre Zeit vergeht, ist der erste Schritt zu einem effektiven Zeitmanagement. Indem Sie Ihren Tag aufschlüsseln, können Sie Lücken und Möglichkeiten erkennen, um Ihre Zeit besser zu nutzen. So geht's:

1. Verfolgen Sie Ihre Zeit:

Beginnen Sie damit, Ihre täglichen Aktivitäten eine Woche lang zu verfolgen. Verwenden Sie ein Tagebuch, eine Tabellenkalkulation oder eine Zeiterfassungs-App, um alles aufzuzeichnen, was Sie tun, vom Aufwachen bis zum Schlafengehen. Berücksichtigen Sie Arbeitsaufgaben, Pendeln, Mahlzeiten, Pausen, Zeit mit der Familie und

Freizeitaktivitäten. Diese Übung vermittelt Ihnen ein klares Bild davon, wie Sie Ihre Zeit verbringen.

2. Analysieren Sie Ihren Zeitverbrauch:

Sobald Sie über die Daten einer Woche verfügen, analysieren Sie diese, um Muster und Lücken zu erkennen. Gibt es Phasen, in denen Sie dauerhaft unproduktiv sind? Verbringen Sie zu viel Zeit mit bestimmten Aufgaben? Gibt es Zeitabschnitte, die besser genutzt werden könnten? Suchen Sie nach Möglichkeiten, Ihre Aktivitäten zu rationalisieren und Zeitverschwendung zu vermeiden oder zu reduzieren.

3. Identifizieren Sie Zeitfresser:

Zeitfresser sind Aktivitäten, die weder zu Ihren Zielen noch zu Ihrem Wohlbefinden beitragen. Dazu können übermäßige Nutzung sozialer Medien, unproduktive Meetings und Aufschub gehören. Die Identifizierung dieser Zeitfresser ist entscheidend für produktivere und ausgeglichenere Tage. Erwägen Sie, diesen Aktivitäten Grenzen zu setzen oder Möglichkeiten zu finden, sie ganz zu unterbinden.

4. Stapeln ähnlicher Aufgaben:

Durch die Gruppierung ähnlicher Aufgaben kann Zeit gespart und die Effizienz gesteigert werden. Legen Sie beispielsweise bestimmte Zeiten fest, zu denen Sie E-Mails abrufen, Telefonate führen oder Verwaltungsaufgaben erledigen können. Dieser als Aufgabenstapelung bezeichnete Ansatz minimiert den Zeitverlust beim Wechseln zwischen verschiedenen Aktivitäten und hilft Ihnen, konzentriert zu bleiben.

5. Planen Sie Pausen und Ausfallzeiten ein:

Pausen sind für die Aufrechterhaltung der Produktivität und des Wohlbefindens unerlässlich. Planen Sie über den Tag verteilt regelmäßig Pausen ein, um sich zu entspannen und neue Energie zu tanken. Nutzen Sie diese Zeit für Aktivitäten, die Sie entspannen und regenerieren, wie zum Beispiel einen kurzen Spaziergang, Dehnübungen oder eine kurze Meditationssitzung. Denken Sie daran, dass Ausfallzeiten für ein ausgeglichenes Leben genauso wichtig sind wie die Arbeitszeit.

6. Aktivitäten kategorisieren:

Nachdem Sie Ihre Zeit erfasst haben, kategorisieren Sie Ihre Aktivitäten. Gruppieren Sie sie in Kategorien wie Arbeit, Körperpflege, Familienzeit, soziale Aktivitäten, Hausarbeiten und Freizeit. So können Sie erkennen, wie viel Zeit Sie den einzelnen Bereichen Ihres Lebens widmen.

7. Identifizieren Sie Muster:

Suchen Sie nach Mustern in Ihrer Zeitnutzung. Gibt es bestimmte Tageszeiten, zu denen Sie am produktivsten sind? Gibt es Zeiten, in denen Sie dazu neigen, Zeit zu zögern oder zu verschwenden? Wenn Sie diese Muster verstehen, können Sie Ihren Zeitplan optimieren.

ERSTELLEN SIE EINEN ZEITPLAN, DER FÜR SIE FUNKTIONIERT.

Nachdem Sie nun die Lücken in Ihrem Alltag identifiziert und Zeitfresser eliminiert haben, ist es an der Zeit, einen Zeitplan zu erstellen, der ein ausgeglichenes Leben unterstützt. So entwerfen Sie einen Zeitplan, der für Sie funktioniert:

1. Setzen Sie sich klare Ziele:

Beginnen Sie mit der Definition Ihrer kurzfristigen und langfristigen Ziele. Was hoffen Sie in Ihrem Privat- und Berufsleben zu erreichen? Klare Ziele helfen Ihnen, Aufgaben zu priorisieren und die Zeit effektiv einzuteilen.

2. Gestalten Sie Ihren idealen Tag:

Überlegen Sie, wie Ihr idealer Tag aussieht. Um wie viel Uhr wachst du auf? Wie verbringst du deinen Morgen? Bei welchen Aktivitäten fühlen Sie sich energiegeladen und erfüllt? Nutzen Sie diese Vision als Leitfaden, um einen Tagesplan zu erstellen, der Ihren Werten und Prioritäten entspricht.

3. Blockieren Sie die Zeit für Aufgaben mit hoher Priorität:

Identifizieren Sie Ihre wichtigsten Aufgaben und reservieren Sie dafür Zeit. Dazu können Arbeitsprojekte, Sport, Zeit mit der Familie oder persönliche Entwicklung gehören. Planen Sie diese Aufgaben mit hoher Priorität während Ihrer produktivsten Stunden, egal ob früh am Morgen, spät in der Nacht oder irgendwo dazwischen.

4. Erstellen Sie eine Morgenroutine:

Eine konsequente Morgenroutine kann einen positiven Ton für den Rest Ihres Tages vorgeben. Integrieren Sie Aktivitäten, die Sie beleben und inspirieren, wie zum Beispiel Bewegung, Meditation, Lesen oder ein gesundes Frühstück. Eine gut strukturierte Morgenroutine kann Ihre Produktivität steigern und Ihnen helfen, mit klarem Kopf in den Tag zu starten.

5. Planen Sie Ihren Tag am Vorabend:

Nehmen Sie sich jeden Abend ein paar Minuten Zeit und planen Sie den nächsten Tag. Überprüfen Sie Ihre Ziele, priorisieren Sie Ihre Aufgaben und erstellen Sie eine To-Do-Liste. Vorausschauendes Planen reduziert Entscheidungsmüdigkeit und hilft Ihnen, den Tag zielstrebig und zielstrebig zu beginnen.

6. Seien Sie realistisch in Bezug auf Ihre Zeit:

Es ist leicht, Ihre tägliche Produktivität zu überschätzen. Schätzen Sie realistisch ein, wie viel Zeit für jede Aufgabe benötigt wird, und vermeiden Sie eine Überlastung Ihres Zeitplans. Lassen Sie zwischen den Aufgaben Pufferzeit, um unerwartete Unterbrechungen oder Verzögerungen auszugleichen.

7. Vereinbarkeit von Arbeit und persönlichen Aktivitäten:

Stellen Sie sicher, dass Ihr Zeitplan eine gesunde Mischung aus Arbeit und persönlichen Aktivitäten enthält. Planen Sie Zeit für Arbeitsaufgaben ein, aber planen Sie auch Zeit für Hobbys, Geselligkeit und Entspannung ein. Ein ausgewogener Zeitplan fördert das Wohlbefinden und beugt Burnout vor.

DIE POMODORO-TECHNIK UND ANDERE HACKS.

Kommen wir gleich zu einer bahnbrechenden Methode, die Ihr Zeitmanagement verändern kann: der Pomodoro-Technik. Dies ist nicht nur ein weiterer Produktivitäts-Hack – es ist eine Strategie, die Ihnen helfen kann, sich zu konzentrieren, mehr zu erledigen und sogar ein paar dringend benötigte Pausen einzulegen.

Die Pomodoro-Technik: Eine Aufschlüsselung

Die Pomodoro-Technik, die Ende der 1980er Jahre von Francesco Cirillo entwickelt wurde, ist nach dem tomatenförmigen Küchentimer benannt, den Cirillo während seiner Studienzeit verwendete. So funktioniert das:

1. Wählen Sie eine Aufgabe: Wählen Sie eine Aufgabe aus, an der Sie arbeiten möchten. Das kann alles sein, vom Schreiben einer E-Mail bis zum Vorbereiten einer Präsentation.

2. Starten Sie einen Timer: Starten Sie einen Timer für 25 Minuten. Dieser Zeitraum wird als ein „Pomodoro" bezeichnet.

3. Arbeit: Konzentrieren Sie sich ausschließlich auf Ihre Aufgabe, bis der Timer klingelt. Wenn Ihnen noch etwas einfällt, das Sie erledigen müssen, notieren Sie es schnell und kehren Sie zu Ihrer Aufgabe zurück.

4. Kurzurlaub: Wenn der Timer klingelt, machen Sie eine 5-minütige Pause. Stehen Sie auf, strecken Sie sich, trinken Sie einen Kaffee – was auch immer Ihnen hilft, sich zu erfrischen.

5. Wiederholen: Machen Sie nach vier Pomodoros eine längere Pause, etwa 15–30 Minuten. Dies hilft Ihrem Gehirn, sich vor der nächsten Runde wieder aufzuladen.

Das Schöne an der Pomodoro-Technik ist ihre Einfachheit und Wirksamkeit. Indem Sie die Arbeit in überschaubare Intervalle unterteilen, behalten Sie ein hohes Maß an Konzentration bei und vermeiden Burnout. Die regelmäßigen Pausen halten Ihren Geist frisch und Ihre Motivation hoch.

Warum die Pomodoro-Technik funktioniert.

Die Pomodoro-Technik funktioniert auf mehreren Ebenen:

- Verhindert Burnout: Regelmäßige Pausen verhindern die Erschöpfung, die durch lange, ununterbrochene Arbeitssitzungen entsteht.

- Verbessert die Konzentration: Wenn Sie wissen, dass Sie nur 25 Minuten Zeit haben, können Sie motivierter sein, Ablenkungen zu vermeiden und bei der Sache zu bleiben.

- Fördert den Flow: Kurze Arbeitsausbrüche können Ihnen dabei helfen, leichter in einen Flow-Zustand zu gelangen, in dem Sie völlig in das eintauchen, was Sie tun.

- Verfolgt den Fortschritt: Sie können Ihre Produktivität in Pomodoros messen, was ein klares Erfolgserlebnis vermittelt.

Weitere effektive Zeitmanagement-Hacks.

Obwohl die Pomodoro-Technik leistungsstark ist, ist sie nicht das einzige Werkzeug im Zeitmanagement-Arsenal. Hier sind einige weitere Hacks, die Ihnen helfen können, Ihre Zeit effektiver zu verwalten:

1. Zeitblockierung:

Bei der Zeitblockierung handelt es sich um die Zuweisung bestimmter Zeitblöcke für verschiedene Aufgaben oder Aktivitäten. So geht's:

- **Aufgaben identifizieren:** Listen Sie alle Aufgaben auf, die Sie erledigen müssen.

- **Blöcke zuweisen:** Weisen Sie jeder Aufgabe bestimmte Zeitfenster zu. Beispielsweise könnten Sie 9–11 Uhr für intensive Arbeit und 13–14 Uhr für Besprechungen reservieren.

- **Halten Sie sich an den Zeitplan:** Behandeln Sie diese Zeitblöcke als Termine mit sich selbst. Vermeiden Sie Multitasking und konzentrieren Sie sich ganz auf die anstehende Arbeit für jeden Block.

Durch die Zeitblockierung können Sie Ihren Tag bewusster gestalten und sicherstellen, dass wichtige Aufgaben die Aufmerksamkeit erhalten, die sie verdienen.

2. Die Zwei-Minuten-Regel:

Die Zwei-Minuten-Regel ist einfach: Wenn die Ausführung einer Aufgabe weniger als zwei Minuten dauert, erledigen Sie sie sofort. Dies verhindert, dass sich kleine Aufgaben häufen und mentalen Raum beanspruchen. So können Sie beispielsweise sofort auf eine E-Mail antworten oder ein Gericht wegräumen, anstatt es auf Ihre To-Do-Liste hinzuzufügen.

3. Die 80/20-Regel (Pareto-Prinzip):

Nach dem Pareto-Prinzip resultieren 80 % Ihrer Ergebnisse aus 20 % Ihrer Bemühungen. Identifizieren Sie die 20 % der Aufgaben, die die bedeutendsten Ergebnisse liefern, und konzentrieren Sie sich auf diese. Dies hilft Ihnen, intelligenter und nicht härter zu arbeiten.

MIT UNTERBRECHUNGEN ELEGANT UMGEHEN.

Unterbrechungen sind unvermeidlich, aber wie Sie damit umgehen, kann einen erheblichen Unterschied bei der Aufrechterhaltung Ihrer Produktivität und Ihres Gleichgewichts machen. Lassen Sie uns Strategien zur effektiven Bewältigung von Unterbrechungen erkunden:

1. Rechnen Sie mit Unterbrechungen und planen Sie diese ein

- Identifizieren Sie häufige Unterbrechungen

- Beginnen Sie damit, die häufigsten Unterbrechungen zu identifizieren, mit denen Sie konfrontiert sind. Dazu können Telefonanrufe, E-Mails, Besuche von Kollegen oder Forderungen der Familie gehören. Wenn Sie wissen, was Sie erwartet, können Sie diese Störungen planen und abmildern.

2. Grenzen setzen und kommunizieren

Die Festlegung klarer Grenzen ist von entscheidender Bedeutung. Hier ist wie:

- Erstellen Sie ein Signal: Verwenden Sie ein Signal, um anzuzeigen, wenn Sie sich im fokussierten Arbeitsmodus befinden. Dies kann das Schließen Ihrer Bürotür, das Anbringen eines „Bitte nicht stören"-Schilds oder das Tragen von Kopfhörern sein.

- Kommunizieren Sie Erwartungen: Teilen Sie Ihren Mitmenschen Ihre Grenzen mit. Erklären Sie, wann Sie verfügbar sind und wann Sie ununterbrochene Zeit benötigen. Eine klare Kommunikation hilft anderen, Ihre Konzentrationszeit zu respektieren.

3. Planen Sie die Unterbrechungszeit

- Planen Sie in Ihrem Zeitplan bestimmte Zeiten für die Bewältigung möglicher Unterbrechungen ein. Legen Sie beispielsweise Zeiten für das Abrufen von E-Mails oder Rückrufe fest. Auf diese Weise können Sie auf Unterbrechungen reagieren, ohne dass diese Ihren ganzen Tag beeinträchtigen.

Techniken zur Bewältigung von Unterbrechungen:

1. Die 5-Minuten-Regel:

Wenn eine Unterbrechung auftritt, beurteilen Sie, ob diese innerhalb von fünf Minuten behoben werden kann. Wenn ja, kümmern Sie sich schnell darum und machen Sie weiter. Wenn es länger dauert, planen Sie es für später ein und kehren Sie zu Ihrer Aufgabe zurück.

2. Nutzen Sie einen Parkplatz:

Führen Sie eine „Parkplatzliste" für nicht dringende Unterbrechungen. Wenn jemand mit einer Frage oder Bitte unterbricht, notieren Sie sich diese auf Ihrem Parkplatz und gehen Sie während der geplanten Unterbrechungszeit darauf ein. So bleiben Sie auf dem Laufenden und stellen sicher, dass nichts vergessen wird.

3. Üben Sie durchsetzungsfähige Kommunikation:

Zu einer durchsetzungsfähigen Kommunikation gehört es, klar und direkt zu sein und gleichzeitig respektvoll zu bleiben. So geht's:

- **Bestätigen Sie die Unterbrechung:** Nehmen Sie die Person oder die Unterbrechung höflich zur Kenntnis.

- **Drücken Sie Ihr Bedürfnis aus:** Sagen Sie deutlich, dass Sie sich konzentrieren müssen und sich später mit dem Anliegen befassen werden. Zum Beispiel: „Ich bin gerade mitten in einer konzentrierten Aufgabe. Können wir das um 14 Uhr besprechen?"

- **Folgen Sie durch:** Stellen Sie sicher, dass Sie zum angegebenen Zeitpunkt nachfassen. Dies schafft

Vertrauen und zeigt Respekt für die Bedürfnisse der anderen Person.

4. Bauen Sie physische und digitale Barrieren auf:

Physische und digitale Barrieren können helfen, Unterbrechungen zu minimieren:

- Physische Barrieren: Richten Sie einen eigenen Arbeitsbereich ein, in dem Sie die Tür schließen oder visuelle Hinweise nutzen können, um zu signalisieren, dass Sie beschäftigt sind.

- Digitale Barrieren: Nutzen Sie Tools wie E-Mail-Filter, „Bitte nicht stören"-Einstellungen auf Ihrem Telefon und Apps, die während der Arbeitszeit störende Websites blockieren.

Erziehen Sie andere dazu, Ihre Zeit zu respektieren.

Anderen beizubringen, Ihre Zeit zu respektieren, ist ein entscheidender Schritt bei der Bewältigung von Unterbrechungen. So machen Sie es effektiv:

1. Gehen Sie mit gutem Beispiel voran:

Demonstrieren Sie selbst gute Zeitmanagementpraktiken. Wenn andere sehen, dass Sie Ihre eigene und die eigene Zeit respektieren, ist die Wahrscheinlichkeit größer, dass sie es erwidern.

2. Seien Sie konsequent:

Konsistenz ist der Schlüssel. Wenn Sie Grenzen setzen und diese klar kommunizieren, bleiben Sie dabei. Beständigkeit stärkt Gewohnheiten und unterstreicht, wie wichtig es ist, die Zeit zu respektieren.

3. Informieren und zusammenarbeiten:

Manchmal verstehen andere die Auswirkungen ihrer Unterbrechungen möglicherweise nicht. Nehmen Sie sich die Zeit, Kollegen, Familienmitglieder oder Freunde über Ihr Bedürfnis nach konzentrierten Arbeitsphasen aufzuklären. Arbeiten Sie zusammen, um Lösungen zu finden, die für alle funktionieren.

Umgang mit unerwarteten Unterbrechungen.

Trotz aller Bemühungen kann es dennoch zu unerwarteten Unterbrechungen kommen. So gehen Sie elegant damit um:

1. Bleiben Sie ruhig und geduldig:

Unerwartete Unterbrechungen können frustrierend sein, aber wenn Sie ruhig und geduldig bleiben, können Sie effektiver damit umgehen. Atmen Sie tief ein und gehen Sie die Situation an, ohne dass sie Ihren Fokus beeinträchtigt.

2. Prioritäten neu bewerten:

Wenn eine unerwartete Unterbrechung auftritt, überdenken Sie Ihre Prioritäten. Stellen Sie fest, ob die Unterbrechung dringend ist oder warten kann. Passen Sie Ihren Zeitplan entsprechend an, um die kritischsten Aufgaben zu bewältigen.

3. Nutzen Sie Flexibilität:

Bei der Bewältigung von Unterbrechungen ist Flexibilität unerlässlich. Das Leben ist unvorhersehbar und Anpassungsfähigkeit hilft Ihnen, Störungen zu meistern, ohne an Schwung zu verlieren. Nehmen Sie eine Denkweise an, die Anpassungen und Veränderungen zulässt.

Abschluss.

Ein effektives Zeitmanagement ist ein entscheidender Faktor für ein ausgeglichenes Leben. Durch die Implementierung von Strategien wie der Pomodoro-Technik und anderen Zeitmanagement-Hacks können Sie Ihre Produktivität steigern und sicherstellen, dass Sie Zeit für das Wesentliche verwenden.

Ebenso wichtig ist der elegante Umgang mit Unterbrechungen. Indem Sie Unterbrechungen antizipieren und einplanen, Grenzen setzen und eine durchsetzungsfähige Kommunikation nutzen, können Sie Störungen minimieren und den Fokus behalten. Denken Sie daran, dass effektives Zeitmanagement eine Fähigkeit ist, die durch Übung verbessert werden kann. Seien Sie geduldig mit sich selbst und verfeinern Sie Ihren Ansatz kontinuierlich.

Letztendlich ist es eine Reise, die Balance zwischen Arbeit und Privatleben zu finden. Nutzen Sie diese Strategien, passen Sie sie an Ihre individuellen Bedürfnisse an und genießen Sie die Vorteile eines harmonischeren und erfüllteren Lebens.

Den Tag aufschlüsseln: Lücken finden

Reflexionsfrage 1:

Wie verbringen Sie derzeit täglich Ihre Zeit? Gibt es Muster oder Routinen, die auffallen?

Transformative Übung 1:

Zeiterfassung: Führen Sie eine Woche lang ein detailliertes Protokoll darüber, wie Sie jeden Tag Ihre Zeit verbringen. Notieren Sie jede noch so kleine Aktivität und deren Dauer. Überprüfen Sie am Ende der Woche Ihr Protokoll und identifizieren Sie Muster, zeitraubende Aktivitäten und potenzielle Lücken, in denen Sie produktiver sein oder Selbstpflegeaktivitäten einbauen könnten.

Erstellen Sie einen Zeitplan, der für Sie funktioniert

Reflexionsfrage 2:

Was sind Ihre produktivsten Zeiten des Tages? Wann fühlen Sie sich am energiegeladensten und konzentriertesten?

Transformative Übung 2:

Optimale Zeitplanerstellung: Erstellen Sie anhand der Erkenntnisse aus Ihrem Zeitaudit einen Wochenplan, der Ihrem natürlichen Energieniveau und Ihren Produktivitätsspitzen entspricht. Planen Sie während der Hauptverkehrszeiten Zeit für Ihre wichtigsten Aufgaben ein und planen Sie weniger anspruchsvolle Aktivitäten für Zeiten ein, in denen Ihre Energie geringer ist. Stellen Sie sicher, dass Sie Pausen und persönliche Zeit in Ihren Zeitplan einplanen.

Die Pomodoro-Technik und andere Hacks

Reflexionsfrage 3:

Wie verwalten Sie derzeit Ihre Aufgaben und Pausen? Fühlen Sie sich oft überfordert oder abgelenkt?

Transformative Übung 3:

Pomodoro-Testversion: Führen Sie die Pomodoro-Technik eine Woche lang durch. Starten Sie einen Timer für 25 Minuten und konzentrieren Sie sich ausschließlich auf eine einzelne Aufgabe, bis der Timer klingelt.

Machen Sie dann eine 5-minütige Pause. Machen Sie nach vier Pomodoros eine längere Pause von 15 bis 30 Minuten. Denken Sie am Ende der Woche darüber nach, wie sich diese Methode auf Ihren Fokus, Ihre Produktivität und Ihren Stresspegel ausgewirkt hat. Passen Sie die Länge Ihrer Pomodoros und Pausen nach Bedarf an Ihren Arbeitsstil an.

Mit Unterbrechungen elegant umgehen

Reflexionsfrage 4:

Was sind die häufigsten Unterbrechungen während Ihres Arbeitstages? Wie wirken sich diese Unterbrechungen auf Ihre Produktivität und Ihren Stresspegel aus?

Transformationsübung 4:

Unterbrechungsmanagementplan: Identifizieren Sie die drei häufigsten Ursachen für Unterbrechungen an Ihrem Tag. Entwickeln Sie für jede Quelle eine spezifische Strategie, um damit umzugehen. Dazu kann das Festlegen klarer Grenzen, die Verwendung eines „Bitte nicht stören"-Schilds oder die Festlegung bestimmter Zeiten gehören, um auf diese Unterbrechungen zu reagieren. Setzen Sie diese Strategien eine Woche lang um und bewerten Sie ihre Wirksamkeit bei der Reduzierung von Unterbrechungen und der Verbesserung der Konzentration.

KAPITEL VIER.
GRENZEN SCHAFFEN.

Die Vereinbarkeit von Beruf und Privatleben fühlt sich oft wie eine Gratwanderung an. Einer der Schlüssel zum Finden dieses Gleichgewichts liegt darin, Grenzen zu schaffen und aufrechtzuerhalten. Diese Grenzen sind für die Erhaltung Ihres Wohlbefindens, Ihrer Produktivität und Ihres allgemeinen Glücks von entscheidender Bedeutung. Lassen Sie uns zwei entscheidende Aspekte des Setzens von Grenzen untersuchen: Lernen, mit einer digitalen Entgiftung abzuschalten, und Grenzen setzen mit Ihrem Chef und Ihren Kollegen.

LERNEN, DEN STECKER ZU ZIEHEN: DIGITAL DETOX.

In der heutigen hypervernetzten Welt kann es wie eine unmögliche Aufgabe erscheinen, den Netzstecker zu ziehen. Unsere Smartphones, Laptops und anderen Geräte werden ständig mit Benachrichtigungen, E-Mails und Social-Media-Updates benachrichtigt. Während Technologie unser Leben zweifellos in vielerlei Hinsicht einfacher gemacht hat, hat sie auch die Grenzen zwischen Arbeit und Privatleben verwischt. Wenn Sie lernen, den Netzstecker zu ziehen und eine digitale Entgiftung durchzuführen, können Sie diese Grenzen wiederherstellen und Ihre geistige Gesundheit verbessern.

Warum eine digitale Entgiftung wichtig ist.

Stellen Sie sich vor, Sie wachen morgens auf und anstatt zum Telefon zu greifen, um E-Mails oder soziale Medien zu lesen, nehmen Sie sich einen Moment Zeit, um sich zu strecken, tief durchzuatmen und den ruhigen Start in den Tag zu genießen. Beim Digital Detox geht es darum, diese Momente zurückzugewinnen und die ständige Flut digitaler Reize zu reduzieren.

1. Stress und Angst reduzieren:

Ständige Konnektivität kann zu erhöhtem Stress und Angst führen. Jedes Mal, wenn Ihr Telefon klingelt, erhält Ihr Gehirn einen kleinen Adrenalinstoß, der Sie mit der Zeit ständig nervös machen kann. Indem Sie sich Zeit zum Abschalten nehmen, ermöglichen Sie Ihrem Gehirn, sich zu entspannen und neue Energie zu tanken.

2. Verbesserung der Schlafqualität:

Das von Bildschirmen ausgestrahlte blaue Licht kann Ihren Schlafrhythmus beeinträchtigen, indem es die Produktion von Melatonin unterdrückt, dem Hormon, das für die Regulierung des Schlafes verantwortlich ist. Wenn Sie Ihre Geräte mindestens eine Stunde vor dem Schlafengehen ausstecken, kann dies Ihre Schlafqualität verbessern und Sie fühlen sich ausgeruhter und voller Energie.

3. Fokussierung und Produktivität steigern:

Multitasking und ständige Benachrichtigungen können Ihre Aufmerksamkeit beeinträchtigen und es schwierig machen, sich auf eine Aufgabe zu konzentrieren. Durch eine digitale Entgiftung können Sie sich wieder konzentrieren und sowohl beruflich als auch privat produktiver werden.

Schritte zu einer erfolgreichen digitalen Entgiftung.

1. Setzen Sie sich klare Ziele:

Bestimmen Sie, was Sie mit Ihrer digitalen Entgiftung erreichen möchten. Möchten Sie Stress abbauen, den Schlaf verbessern oder einfach eine Pause vom ständigen Informationsfluss gönnen? Klare Ziele können Ihnen helfen, dem Prozess treu zu bleiben.

2. Erstellen Sie technikfreie Zonen:

Entscheiden Sie, welche Bereiche Ihres Hauses für die Technologie gesperrt sind. Das Schlafzimmer, das Esszimmer und das Wohnzimmer sind gute Ausgangspunkte. Indem Sie diese Räume frei von digitalen Geräten halten, schaffen Sie eine Umgebung, die der Entspannung und einer schönen Zeit mit Ihren Lieben förderlich ist.

3. Planen Sie die Unplugged-Zeit ein:

Nehmen Sie sich jeden Tag oder jede Woche bestimmte Zeiträume, um den Netzstecker zu ziehen. Dies kann eine Stunde vor dem Schlafengehen, während der Mahlzeiten oder an einem bestimmten Wochentag sein. Nutzen Sie diese Zeit für Aktivitäten, bei denen es nicht um Bildschirme geht, wie zum Beispiel ein Buch lesen, spazieren gehen oder Zeit mit Familie und Freunden verbringen.

4. Nutzen Sie Technologie zu Ihrem Vorteil:

Ironischerweise kann Technologie Ihnen dabei helfen, den Netzstecker zu ziehen. Es gibt zahlreiche Apps, die Ihnen dabei helfen können, Ihre Bildschirmzeit zu verwalten, Nutzungsbeschränkungen festzulegen und Sie daran zu erinnern, Pausen einzulegen. Apps wie „Forest" und „Moment" sollen Ihnen dabei helfen, konzentriert zu bleiben und Ihre Abhängigkeit von digitalen Geräten zu verringern.

RITUALE SCHAFFEN, UM DIE VERBINDUNG ZU TRENNEN.

Das Erstellen von Ritualen rund um die Trennung von der Technologie kann dazu beitragen, die Gewohnheit zu festigen und es einfacher zu machen, sie über einen längeren Zeitraum beizubehalten.

1. Morgenrituale:

Beginnen Sie Ihren Tag, ohne sofort in E-Mails oder soziale Medien einzutauchen. Erstellen Sie stattdessen ein Morgenritual, das Ihnen hilft, entspannter in den Tag zu starten. Dazu können Aktivitäten wie Dehnübungen, Meditation, eine Tasse Kaffee oder Tee oder ein kurzer Spaziergang gehören. Diese Aktivitäten helfen Ihnen, den Tag mit Absicht und Ruhe zu beginnen und eine positive Stimmung für die kommenden Stunden zu schaffen.

2. Abendrituale:

So wie ein Morgenritual Ihnen helfen kann, gut in den Tag zu starten, kann ein Abendritual Ihnen helfen, abzuschalten. Schalten Sie alle Bildschirme mindestens eine Stunde vor dem Schlafengehen aus und unternehmen Sie entspannende Aktivitäten wie das Lesen eines Buches, sanftes Yoga oder ein Bad. Dies signalisiert Ihrem Gehirn, dass es Zeit ist, sich zu entspannen und sich auf den Schlaf vorzubereiten.

3. Wochenendrituale:

Legen Sie bestimmte Wochenenden oder sogar bestimmte Tage als technikfrei fest. Nutzen Sie diese Zeit, um sich wieder mit der Natur zu verbinden, schöne Zeit mit Ihren Lieben zu verbringen oder Hobbys nachzugehen, bei denen es nicht um Bildschirme geht. Diese regelmäßigen Pausen können Stress deutlich reduzieren und Ihr allgemeines Wohlbefinden steigern.

Die Kraft der Achtsamkeit bei Digital Detox.

Achtsamkeitspraktiken können Ihre Bemühungen zur digitalen Entgiftung ergänzen, indem sie Ihnen helfen, präsent zu bleiben und den Drang zu reduzieren, Ihre Geräte ständig zu überprüfen.

1. Achtsames Atmen:

Verbringen Sie jeden Tag ein paar Mal damit, achtsames Atmen zu üben. Konzentrieren Sie sich auf Ihren Atem, während er in Ihren Körper eindringt und ihn verlässt, und lassen Sie alle Ablenkungen los. Diese einfache Übung kann Ihnen dabei helfen, sich Ihrer digitalen Gewohnheiten bewusster zu werden und dem Drang, zum Telefon zu greifen, leichter zu widerstehen.

2. Achtsames Gehen:

Machen Sie achtsames Gehen, indem Sie auf die Empfindungen jedes Schritts, die Geräusche um Sie herum und das Gefühl des Bodens unter Ihren Füßen achten. Diese Übung kann besonders effektiv sein, wenn Sie sie im Freien durchführen, da Sie so eine Verbindung zur Natur herstellen und eine Pause von Bildschirmen einlegen können.

3. Achtsames Essen:

Üben Sie achtsames Essen, indem Sie jeden Bissen Ihrer Mahlzeit genießen und dabei auf den Geschmack, die Textur und das Aroma achten. Schalten Sie während des Essens alle Bildschirme aus und konzentrieren Sie sich ausschließlich auf das Erlebnis des Essens. Das steigert nicht nur Ihren Genuss beim Essen, sondern hilft Ihnen auch, sich von der Technik zu distanzieren.

SETZEN SIE IHREM CHEF UND IHREN KOLLEGEN GRENZEN.

Beim Setzen von Grenzen geht es nicht nur um die Verwaltung Ihrer persönlichen Zeit, sondern auch darum, bei der Arbeit klare Grenzen zu setzen. Dies kann besonders herausfordernd sein, wenn Sie es mit anspruchsvollen Vorgesetzten oder Kollegen zu tun haben, die von Ihnen erwarten, dass Sie rund um die Uhr erreichbar sind. Das Setzen dieser Grenzen ist jedoch entscheidend für die Aufrechterhaltung einer gesunden Work-Life-Balance.

1. Kommunizieren Sie klar und selbstbewusst:

Das Setzen von Grenzen bei der Arbeit erfordert eine effektive Kommunikation. Dabei geht es darum, Ihre Bedürfnisse und Erwartungen klar, respektvoll und selbstbewusst zu formulieren. Hier sind einige Tipps:

Seien Sie ehrlich über Ihre Kapazität:

    a. Wenn Sie sich mit Ihrer Arbeitsbelastung überfordert fühlen, teilen Sie dies Ihrem Chef oder Ihren Kollegen mit. Erklären Sie höflich, aber bestimmt, dass Sie Ihre Leistungsfähigkeit erreicht haben und keine weiteren Aufgaben übernehmen können, ohne die Qualität Ihrer Arbeit zu beeinträchtigen. Du könntest zum Beispiel sagen: *„Mir ist klar, dass dieses Projekt wichtig ist, aber ich muss meine aktuellen Aufgaben erledigen, bevor ich etwas Neues in Angriff nehmen kann."*

b. **Legen Sie Erwartungen an die Verfügbarkeit fest:** Es ist wichtig, klare Erwartungen an Ihre Verfügbarkeit zu formulieren. Teilen Sie Ihrem Chef und Ihren Kollegen mit, wann Sie für arbeitsbezogene Angelegenheiten zur Verfügung stehen und wann nicht. Sie könnten zum Beispiel sagen: „Meine Verfügbarkeit für geschäftliche Kommunikation ist von 9.00 bis 18.00 Uhr." Außerhalb dieser Zeiten werde ich keine E-Mails abrufen oder geschäftliche Anrufe entgegennehmen, es sei denn, es handelt sich um einen Notfall."

c. **Verwenden Sie „Ich"-Aussagen:** Wenn Sie Grenzen setzen, verwenden Sie „Ich"-Aussagen, um Ihre Bedürfnisse auszudrücken, ohne anklagend oder konfrontativ zu klingen. Beispielsweise ist „Ich muss mich in den nächsten zwei Stunden ohne Unterbrechungen auf dieses Projekt konzentrieren" effektiver als „Du unterbrichst mich ständig."

2. Priorisieren und delegieren:

Grenzen zu setzen bedeutet auch, Ihre Aufgaben zu priorisieren und bei Bedarf zu delegieren. So geht's:

a. *Aufgaben priorisieren:* Priorisieren Sie die Aufgaben, die für Sie am wichtigsten sind, und konzentrieren Sie sich zuerst auf diese. Sortieren Sie Aufgaben mithilfe von Tools wie der Eisenhower-Matrix in Prioritäts- und Dringlichkeitsgruppen. Dies hilft Ihnen, Ihre Zeit effektiver zu verwalten und stellt sicher, dass Sie sich auf Arbeiten mit hoher Priorität konzentrieren können.

b. *Delegieren Sie, wenn möglich:* Wenn Sie zu viel zu tun haben, denken Sie darüber nach, einige Aufgaben an Kollegen oder Teammitglieder zu delegieren. Delegation trägt nicht nur zur Entlastung bei, sondern stärkt auch andere und fördert ein kollaboratives Arbeitsumfeld.

3. *Festlegung physischer und virtueller Grenzen:*

Durch die Schaffung physischer und virtueller Grenzen können Sie eine klare Trennung zwischen Arbeit und Privatleben aufrechterhalten.

a. *Erstellen Sie einen dedizierten Arbeitsbereich:* Wenn Sie von zu Hause aus arbeiten, richten Sie einen eigenen Arbeitsbereich ein, der von Ihren Wohnbereichen getrennt ist. Dies trägt dazu bei, eine physische Grenze zwischen Arbeit und Privatleben zu schaffen, was es einfacher macht, die Arbeit am Ende des Tages zu „verlassen".

b. Bürozeiten festlegen: Legen Sie Ihre Bürozeiten fest und teilen Sie sie Ihrem Chef und Ihren Kollegen mit. Halten Sie diese Zeiten so weit wie möglich ein, um eine klare Grenze zwischen Arbeitszeit und Privatzeit zu wahren.

4. Aufbau einer unterstützenden Arbeitskultur:

Die Schaffung einer Kultur, die Grenzen respektiert, beginnt damit, mit gutem Beispiel voranzugehen und andere zu ermutigen, dasselbe zu tun.

   a. **Mit gutem Beispiel vorangehen:** Wenn Sie eine Führungsposition innehaben, geben Sie Ihrem Team ein gutes Beispiel. Respektieren Sie die Grenzen anderer, indem Sie außerhalb der Arbeitszeit keine E-Mails oder Nachrichten senden und sie dazu ermutigen, Pausen und Urlaub zu machen.
   b. **Fördern Sie eine offene Kommunikation:** Fördern Sie eine Umgebung, in der sich Teammitglieder wohl fühlen, wenn sie über ihre Grenzen und Arbeitsbelastung sprechen. Ermutigen Sie zu regelmäßigen Check-ins, um Arbeitsbelastungen, Herausforderungen und Möglichkeiten zur besseren gegenseitigen Unterstützung zu besprechen.

5. Umgang mit Pushback:

Das Setzen von Grenzen kann manchmal dazu führen, dass Vorgesetzte oder Kollegen, die es gewohnt sind, ständigen Kontakt zu Ihnen zu haben, zurückschrecken. So gehen Sie damit um:

   a. **Bleiben Sie standhaft:** Während es wichtig ist, respektvoll zu sein, ist es ebenso wichtig, fest in seinen

Grenzen zu bleiben. Wiederholen Sie Ihre Bedürfnisse und die Gründe dafür.

b. Angebotslösungen: Wenn Ihr Chef oder Kollege sich Ihren Grenzen widersetzt, versuchen Sie, Lösungen anzubieten, die auf seine Bedenken eingehen. Wenn sie beispielsweise außerhalb der Arbeitszeit Aktualisierungen benötigen, schlagen Sie vor, während der Arbeitszeit regelmäßige Check-in-Meetings einzurichten, um sie auf dem Laufenden zu halten.

Für ein ausgeglichenes Leben ist es wichtig, Grenzen zu schaffen und aufrechtzuerhalten. Ganz gleich, ob Sie lernen, durch eine digitale Entgiftung abzuschalten oder gemeinsam mit Ihrem Chef und Ihren Kollegen Grenzen zu setzen – diese Grenzen schützen Ihr Wohlbefinden und Ihre Produktivität. Denken Sie daran: Beim Setzen von Grenzen geht es nicht darum, starr oder unkooperativ zu sein; Es geht darum, eine nachhaltige Work-Life-Balance zu schaffen, die es Ihnen ermöglicht, sowohl persönlich als auch beruflich erfolgreich zu sein.

Umgang mit Widerstand.

Das Setzen von Grenzen stößt manchmal auf Widerstand, insbesondere wenn in Ihrer Arbeitskultur die Work-Life-Balance nicht im Vordergrund steht.

1. Bleiben Sie ruhig und selbstbewusst:

Wenn Sie auf Widerstand stoßen, bleiben Sie ruhig und durchsetzungsfähig. Wiederholen Sie Ihre Grenzen und erklären Sie, warum sie für Ihr Wohlbefinden und Ihre

Produktivität wichtig sind. Sie könnten zum Beispiel sagen: „Ich verstehe, dass dies dringend ist, aber die Aufrechterhaltung meiner Work-Life-Balance ist für meine Gesamtleistung von entscheidender Bedeutung." Darauf werde ich morgen als Erstes eingehen."

2. Kompromisse anbieten:

Wenn Ihr Chef oder Ihre Kollegen sich Ihren Grenzen widersetzen, versuchen Sie, einen Kompromiss zu finden, der auf ihre Bedenken eingeht und gleichzeitig Ihre Grenzen respektiert. Beispielsweise können Sie vereinbaren, Ihre E-Mails einmal am Abend zu lesen, auf nicht dringende Angelegenheiten jedoch erst am nächsten Werktag zu antworten.

3. Bitten Sie die Personalabteilung oder Mentoren um Unterstützung:

Wenn der Widerstand weiterhin besteht, suchen Sie Unterstützung bei der Personalabteilung oder einem vertrauenswürdigen Mentor. Sie können Ihnen Orientierung geben, wie Sie mit der Situation umgehen und sich für Ihre Grenzen einsetzen. Die Personalabteilung kann bei Bedarf auch Gespräche vermitteln und so sicherstellen, dass Ihre Rechte und Ihr Wohlergehen respektiert werden.

Wenn Sie diese Schritte unternehmen, verbessern Sie nicht nur Ihr eigenes Wohlbefinden, sondern tragen auch zu einem ausgeglicheneren und respektvolleren Arbeitsumfeld für alle um Sie herum bei. Wagen Sie also den Schritt, setzen Sie

Grenzen und fangen Sie noch heute damit an, Ihr Leben von der Arbeit zurückzugewinnen.

ZEIT FÜR DIE FAMILIE SCHÜTZEN.

In unserem immer geschäftigeren Leben kann es sich wie ein ständiger Kampf anfühlen, die Zeit mit der Familie zu schützen. Wir sind oft hin- und hergerissen zwischen den Anforderungen der Arbeit und dem Wunsch, schöne Zeit mit unseren Lieben zu verbringen. Für die Aufrechterhaltung gesunder Beziehungen und die Gewährleistung des persönlichen Wohlbefindens ist es jedoch wichtig, Grenzen zu schaffen, die der Familienzeit Priorität einräumen. Lassen Sie uns untersuchen, wie Sie die Zeit mit der Familie schützen und sie zu einem heiligen Teil Ihrer Routine machen können.

Die Bedeutung der Zeit mit der Familie verstehen.

Bevor wir auf praktische Strategien eingehen, ist es wichtig zu verstehen, warum Zeit mit der Familie so wichtig ist. Eine schöne Zeit mit der Familie zu verbringen bietet zahlreiche Vorteile, darunter:

- ***Bindungen stärken:*** Regelmäßige Zeit mit der Familie fördert stärkere Beziehungen und tiefere Verbindungen zu Ihren Lieben. Es hilft, Vertrauen, Kommunikation und ein Zugehörigkeitsgefühl aufzubauen.

- *Bleibende Erinnerungen schaffen:* Gemeinsame Erlebnisse schaffen bleibende Erinnerungen, die unser Leben bereichern. Diese Erinnerungen werden zu wertvollen Momenten, auf die wir gerne zurückblicken können.

- *Steigerung des geistigen und emotionalen Wohlbefindens:* Zeit mit der Familie zu verbringen kann Stress reduzieren, die Stimmung verbessern und emotionale Unterstützung bieten. Es fungiert als Puffer gegen den Druck der Arbeit und des täglichen Lebens.

- *Modellierung der Work-Life-Balance:* Wenn Sie zeigen, wie wichtig die Zeit mit der Familie ist, geben Sie Ihren Kindern ein positives Beispiel und ermutigen sie, ihr eigenes Wohlergehen in Zukunft an die erste Stelle zu setzen.

Praktische Strategien zum Schutz der Familienzeit.

Nachdem wir nun die Bedeutung der Zeit mit der Familie verstanden haben, wollen wir praktische Strategien erkunden, um sie zu schützen:

1. Planen Sie Familienzeit wie einen Termin:

Behandeln Sie die Zeit mit der Familie wie jedes wichtige Arbeitstreffen oder jeden wichtigen Termin. Blockieren Sie in Ihrem Kalender bestimmte Zeiten für Familienaktivitäten und halten Sie sich daran. Indem Sie Zeit für die Familie einplanen, senden Sie eine klare Botschaft, dass diese Priorität hat.

2. Erstellen Sie Familienrituale:

Die Einführung von Familienritualen kann ein Gefühl von Routine und Vorfreude schaffen. Diese Rituale können einfach, aber sinnvoll sein, wie zum Beispiel:

- ***Familienessen:*** Machen Sie es sich zur Gewohnheit, so oft wie möglich gemeinsam mit der Familie zu Abend zu essen. Nutzen Sie diese Zeit, um sich über den Tag des anderen auszutauschen, Geschichten auszutauschen und gemeinsam eine Mahlzeit zu genießen.

- ***Wochenendaktivitäten:*** Planen Sie regelmäßige Wochenendaktivitäten, auf die sich die ganze Familie freuen kann. Dies kann ein wöchentlicher Spieleabend, eine Wanderung, ein Filmabend oder ein Besuch in einem örtlichen Park sein.

- ***Täglicher Check-in:*** Nehmen Sie sich jeden Tag ein paar Minuten Zeit für den Check-in mit der Familie. Dies kann ein kurzes Gespräch vor dem Schlafengehen oder während des Frühstücks sein, um die Pläne und Gefühle aller zu besprechen.

3. Begrenzen Sie Arbeitseingriffe:

Um die Zeit mit der Familie zu schützen, ist es wichtig, klare Grenzen für arbeitsbezogene Aktivitäten zu setzen. Das beinhaltet:

- ***Benachrichtigungen deaktivieren:*** Deaktivieren Sie während der Familienzeit arbeitsbezogene Benachrichtigungen auf Ihrem Telefon und anderen Geräten. Dadurch werden Ablenkungen minimiert und Sie können ganz bei Ihrer Familie sein.

- ***Arbeitszeiten festlegen:*** Legen Sie konkrete Arbeitszeiten fest und teilen Sie diese Ihren Kollegen und Kunden mit. Machen Sie deutlich, wann Sie für berufliche Angelegenheiten zur Verfügung stehen und wann nicht.

- ***Erstellen eines separaten Arbeitsbereichs:*** Richten Sie nach Möglichkeit in Ihrem Zuhause einen eigenen Arbeitsbereich ein, in dem Sie sich auf die Arbeit konzentrieren können. Diese physische Trennung kann Ihnen helfen, geistig zwischen Arbeit und Familie zu wechseln.

4. Verantwortlichkeiten delegieren und teilen:

Durch die Aufteilung von Verantwortlichkeiten kann mehr Zeit für die Familie gewonnen werden. Delegieren Sie Aufgaben am Arbeitsplatz und teilen Sie die Hausarbeit mit Ihrem Partner und Ihren Kindern. Das entlastet Sie nicht nur, sondern fördert auch den Teamgeist und die Zusammenarbeit innerhalb der Familie.

NEIN SAGEN OHNE SCHULDGEFÜHLE.

Einer der schwierigsten Aspekte beim Setzen von Grenzen besteht darin, zu lernen, Nein zu sagen, ohne sich schuldig zu fühlen. Wir machen uns oft Sorgen, andere zu enttäuschen oder Chancen zu verpassen. Nein zu sagen ist jedoch eine wichtige Fähigkeit, um unsere Zeit, Energie und unser Wohlbefinden zu schützen. Werfen wir einen Blick auf verschiedene

Möglichkeiten, selbstbewusst und ohne Schuldgefühle Nein zu sagen.

Die Macht, Nein zu sagen.

Nein zu sagen ist ein kraftvoller Akt der Selbstfürsorge und des Setzens von Grenzen. Hier sind einige der Gründe, warum es wichtig ist:

1. *Schützt Ihre Zeit und Energie:* Wenn Sie Nein zu zusätzlichen Verpflichtungen sagen, können Sie sich auf das konzentrieren, was Ihnen wirklich wichtig ist, sei es Zeit mit der Familie, Selbstfürsorge oder persönliche Projekte.

2. *Befähigt Sie:* Nein zu sagen stärkt Ihre Autonomie und Kontrolle über Ihr eigenes Leben. Es erinnert Sie daran, dass Sie das Recht haben, Ihren Bedürfnissen und Ihrem Wohlbefinden Priorität einzuräumen.

3. *Verbessert Beziehungen:* Wenn Sie Nein zu Verpflichtungen sagen, die nicht Ihren Prioritäten entsprechen, können Sie mehr Zeit und Energie sinnvollen Beziehungen und Aktivitäten widmen.

Strategien, um Nein zu sagen.

Zu lernen, mit Würde und Selbstvertrauen „Nein" zu sagen, erfordert Übung. Hier sind einige Ideen, die Ihnen beim Erlernen dieser wichtigen Fähigkeit helfen sollen:

1. Klären Sie Ihre Prioritäten:

Bevor Sie effektiv Nein sagen können, ist es wichtig, Ihre Prioritäten zu klären. Nehmen Sie sich etwas Zeit und überlegen Sie, was Ihnen am wichtigsten ist. Was sind Ihre Grundwerte? Auf welche Ziele arbeiten Sie hin? Wenn Sie Ihre Prioritäten verstehen, können Sie fundiertere Entscheidungen darüber treffen, wo Sie Ihre Zeit und Energie investieren.

2. Seien Sie ehrlich und direkt:

Beim Nein-Sagen sind Ehrlichkeit und Direktheit entscheidend. Umfangreiche Begründungen oder Entschuldigungen sind nicht erforderlich. Eine einfache, klare Antwort ist oft der beste Ansatz. Zum Beispiel:

- „Vielen Dank, dass Sie an mich gedacht haben, aber ich kann dieses Projekt im Moment nicht übernehmen."

- „Ich weiß die Einladung zu schätzen, aber ich habe andere Verpflichtungen, die ich priorisieren muss."

- „Ich kann bei dieser Aufgabe nicht helfen, kann aber jemand anderen empfehlen, der möglicherweise verfügbar ist."

3. Verwenden Sie eine positive Sprache:

Formulieren Sie Ihre Antwort positiv, um die Wirkung Ihres Nein abzumildern. Dies kann dazu beitragen, einen positiven Ton beizubehalten und mögliche Enttäuschungen zu reduzieren. Zum Beispiel:

- „Es ist mir eine Ehre, dass Sie an mich gedacht haben, aber ich konzentriere mich derzeit auf andere Projekte, die meine volle Aufmerksamkeit erfordern."

- *„Ich würde gerne in Zukunft helfen, aber im Moment muss ich mich auf meine bestehenden Verpflichtungen konzentrieren.“*

4. Alternativen anbieten:

Wenn möglich, bieten Sie Alternativen oder Lösungen an, wenn Sie Nein sagen. Das zeigt, dass Sie trotzdem hilfsbereit sein wollen, auch wenn Sie die Aufgabe nicht selbst übernehmen können. Zum Beispiel:

- *„Ich kann dieses Projekt nicht übernehmen, kann aber jemand anderen empfehlen, der vielleicht gut zu Ihnen passt.“*

- *„Ich kann an der Besprechung nicht teilnehmen, kann aber vorab per E-Mail einige Vorschläge unterbreiten.“*

5. Üben Sie Ihre Antworten:

Wenn es Ihnen im Moment schwerfällt, Nein zu sagen, üben Sie Ihre Antworten im Voraus. Proben Sie vor Ihrem Spiegel oder mit einem Freund. Je mehr Sie üben, desto sicherer und sicherer werden Sie beim Setzen von Grenzen.

Die Angst überwinden, andere zu enttäuschen.

Ein häufiges Hindernis, Nein zu sagen, ist die Angst, andere zu enttäuschen. Wir machen uns Sorgen darüber, wie unsere Ablehnung aufgenommen wird und ob sie sich auf unsere Beziehungen oder unseren Ruf auswirken wird. Hier sind einige Vorschläge, die Ihnen helfen, diese Angst zu überwinden:

1. Ändern Sie Ihre Perspektive:

Anstatt sich auf die mögliche Enttäuschung anderer zu konzentrieren, verlagern Sie Ihre Perspektive auf die positiven Auswirkungen des Nein-Sagens. Indem Sie Grenzen setzen, stellen Sie sicher, dass Sie die Zeit und Energie haben, Ihre bestehenden Verpflichtungen zu erfüllen und für sich selbst zu sorgen. Dies wiederum ermöglicht es Ihnen, sich stärker für die Menschen und Aktivitäten zu engagieren, die Ihnen am wichtigsten sind.

2. Erkennen Sie Ihre Grenzen:

Machen Sie sich bewusst, dass Sie Grenzen haben und dass es unmöglich ist, es immer allen recht zu machen. Erkennen Sie, dass es in Ordnung ist, Grenzen zu haben, und dass das Nein-Sagen ein notwendiger Bestandteil für die Aufrechterhaltung Ihres Wohlbefindens ist.

3. Teilen Sie Ihre Gründe mit:

Teilen Sie gegebenenfalls Ihre Gründe für Ihr Nein mit. Dies kann anderen helfen, Ihre Sichtweise zu verstehen und mögliche Enttäuschungen zu reduzieren. Zum Beispiel:

- *„Ich habe gerade viel zu tun und muss meine aktuellen Projekte priorisieren."*

- *„Ich konzentriere mich darauf, mehr Zeit mit meiner Familie zu verbringen, daher kann ich keine zusätzlichen Aufgaben übernehmen."*

4. Vertrauen Sie Ihrer Entscheidung:

Vertrauen Sie darauf, dass Sie das Beste für Sie tun. Denken Sie daran, dass Sie das Recht haben, Ihren Bedürfnissen und Ihrem Wohlbefinden Priorität einzuräumen. Vertrauen Sie darauf, dass diejenigen, denen Sie am Herzen liegen, Ihre Grenzen verstehen und respektieren.

Abschluss.

Beim Setzen von Grenzen geht es nicht darum, egoistisch oder unkooperativ zu sein. Es geht darum, die eigenen Bedürfnisse zu berücksichtigen und einen nachhaltigen Arbeits- und Lebensansatz zu schaffen. Wenn Sie diese Techniken anwenden, werden Sie feststellen, dass Sie mehr Energie, bessere Beziehungen und ein größeres Gefühl der Erfüllung haben. Begeben Sie sich auf die Reise, Grenzen zu setzen, und beobachten Sie, wie sich dadurch Ihr Leben zum Besseren verändert.

Reflexionsfragen: Lernen, den Stecker zu ziehen: Digital Detox

1. Aktuelle digitale Gewohnheiten: Wie viel Zeit verbringen Sie täglich mit digitalen Geräten und wie wirkt sich das auf Ihr allgemeines Wohlbefinden und Ihre Produktivität aus?

2. Emotionale Auslöser: Welche Emotionen oder Auslöser veranlassen Sie, zu Ihren digitalen Geräten zu greifen, und wie können Sie gesünder damit umgehen?

3. Qualität der Verbindungen: Wie wirkt sich Ihre digitale Nutzung auf die Qualität Ihrer Verbindungen zu Familie, Freunden und Kollegen aus?

4. Vorteile des Aussteckens: Welche positiven Veränderungen haben Sie in der Vergangenheit festgestellt, als Sie eine Pause von digitalen Geräten eingelegt haben?

Transformative Übungen:

1. Digitaler Detox-Plan: Erstellen Sie einen personalisierten digitalen Detox-Plan. Geben Sie bestimmte Tageszeiten an, zu denen Sie abschalten, Aktivitäten, an denen Sie in dieser Zeit teilnehmen werden, und Strategien, um engagiert zu bleiben.

2. Technikfreie Zonen: Legen Sie bestimmte Bereiche Ihres Zuhauses als technikfreie Zonen fest. Verbringen Sie in diesen Bereichen Zeit mit Offline-Aktivitäten wie Lesen, Kochen oder Zeit mit der Familie.

3. Achtsamer Umgang mit Technologie: Üben Sie den achtsamen Umgang mit Technologie, indem Sie einen Timer für Ihre digitalen Aktivitäten einstellen. Wenn der Timer abläuft, machen Sie eine Pause und üben Sie mindestens 15 Minuten lang eine nicht-digitale Aktivität aus.

Reflexionsfragen: Gemeinsam mit Ihrem Chef und Ihren Kollegen Grenzen setzen

1. Aktuelle Grenzen: Welche Grenzen haben Sie Ihrem Chef und Ihren Kollegen ggf. bereits gesetzt und wie effektiv waren diese?

2. *Work-Life-Balance:* Wie wirkt sich Ihre aktuelle Arbeitssituation auf Ihre Work-Life-Balance aus und welche Veränderungen würden Sie sich wünschen?

3. *Kommunikationsstil:* Wie gut fällt es Ihnen, Ihre Grenzen zu kommunizieren, und vor welchen Herausforderungen stehen Sie dabei?

4. *Langfristige Ziele:* Welche langfristigen Ziele haben Sie für Ihre Karriere und Ihr Privatleben und wie kann Ihnen das Setzen von Grenzen dabei helfen, diese zu erreichen?

Transformative Übungen:

1. *Grenzinventur:* Erstellen Sie eine Liste mit Grenzen, die Sie mit Ihrem Chef und Ihren Kollegen festlegen müssen. Priorisieren Sie sie nach Dringlichkeit und Auswirkung auf Ihr Wohlbefinden.

2. *Rollenspiel:* Üben Sie Rollenspielszenarien mit einem vertrauenswürdigen Freund oder Familienmitglied, in denen Sie Ihre Grenzen auf respektvolle und selbstbewusste Weise durchsetzen.

3. *Grenzsetzungsplan:* Entwickeln Sie einen Plan, um bei der Arbeit Grenzen zu setzen. Skizzieren Sie konkrete Schritte, einschließlich der Art und Weise, wie Sie Ihre Grenzen kommunizieren, potenzielle Herausforderungen antizipieren und Strategien zu deren Bewältigung entwickeln.

Reflexionsfragen: Zeit mit der Familie schützen

1. Familienprioritäten: Was sind Ihre obersten Prioritäten, wenn es um die Zeit mit der Familie geht, und wie gut erfüllen Sie diese derzeit?

2. Qualität vs. Quantität: Wie bringen Sie Qualität und Quantität der Zeit, die Sie mit Ihrer Familie verbringen, in Einklang und welche Verbesserungen können vorgenommen werden?

3. Familienrituale: Welche Familienrituale oder -traditionen pflegen Sie derzeit und wie tragen sie zum Zusammengehörigkeitsgefühl und Wohlbefinden Ihrer Familie bei?

4. Arbeitseingriffe: Wie oft beeinträchtigt die Arbeit Ihre Familienzeit und welche Strategien können Sie umsetzen, um diese Eingriffe zu minimieren?

Transformative Übungen:

1. Familienzeit-Audit: Führen Sie einen Familienzeit-Audit durch, um festzustellen, wie viel Zeit Sie derzeit mit Ihrer Familie verbringen. Identifizieren Sie Bereiche, in denen Sie arbeitsbezogene Aktivitäten reduzieren können, um mehr Zeit für die Familie zu gewinnen.

2. Erstellen Sie Familienrituale: Entwickeln Sie neue Familienrituale oder Traditionen, auf die sich alle freuen können. Dies können wöchentliche Spieleabende, monatliche Ausflüge oder tägliche Check-ins sein.

3. Technikfreie Familienzeit: Führen Sie technikfreie Familienzeiten ein, in denen sich alle darauf einigen, sich von digitalen Geräten zu trennen und gemeinsam sinnvolle Aktivitäten zu unternehmen.

Reflexionsfragen: Nein sagen ohne Schuldgefühle

1. Aktuelle Herausforderungen: In welchen konkreten Situationen fällt es Ihnen schwer, Nein zu sagen, und welche Emotionen empfinden Sie angesichts dieser Herausforderungen?

2. Persönliche Prioritäten: Was sind Ihre persönlichen Prioritäten und wie wirkt sich das Ja zu zusätzlichen Verpflichtungen darauf aus?

3. Vergangene Erfahrungen: Denken Sie über vergangene Erfahrungen nach, bei denen Sie erfolgreich Nein gesagt haben. Welche positiven Ergebnisse ergaben sich aus der Festlegung dieser Grenzen?

4. Selbstmitgefühl: Wie können Sie Selbstmitgefühl üben und sich daran erinnern, dass es in Ordnung ist, Ihrem eigenen Wohlbefinden Priorität einzuräumen?

5. Support-Netzwerk: Wer in Ihrem Unterstützungsnetzwerk kann Ihnen helfen, Ihre Grenzen zu stärken und Ihnen Mut zu machen, wenn Sie „Nein" sagen müssen?

Transformative Übungen:

1. Üben Sie, Nein zu sagen: Schreiben Sie verschiedene Szenarien auf, in denen Sie möglicherweise Nein sagen müssen. Üben Sie Ihre Antworten und konzentrieren Sie sich darauf, ehrlich, klar und freundlich zu sein.

2. Kein Tagebuch: Führen Sie ein „Nein-Tagebuch", in dem Sie die Fälle dokumentieren, in denen Sie „Nein" gesagt haben. Denken Sie darüber nach, wie Sie sich vorher und nachher gefühlt haben und welche positiven Ergebnisse sich daraus ergaben.

3. Visualisieren Sie den Erfolg: Stellen Sie sich Szenarien vor, in denen Sie „Nein" sagen müssen, und stellen Sie sich vor, dass Sie dies selbstbewusst und ohne Schuldgefühle tun. Nutzen Sie diese Visualisierung, um Ihr Selbstvertrauen zu stärken.

KAPITEL FÜNF.
ESSENTIALS ZUR SELBSTPFLEGE.

WARUM SELBSTFÜRSORGE NICHT VERHANDELBAR IST.

Wenn wir den Begriff „Selbstpflege" hören, fällt es uns leicht, uns einen luxuriösen Spa-Tag, ein ausgiebiges Schaumbad oder vielleicht einen ruhigen Abend mit einem guten Buch vorzustellen. Während diese Aktivitäten durchaus Teil der Selbstfürsorge sein können, geht das Konzept viel tiefer. Im Kern geht es bei der Selbstfürsorge darum, bewusste Maßnahmen zu ergreifen, um Ihre körperliche, geistige und emotionale Gesundheit zu erhalten und zu verbessern. Es geht darum, Entscheidungen zu treffen, die Ihre Energie wieder auffüllen, Ihr Wohlbefinden wiederherstellen und sicherstellen, dass Sie den Anforderungen Ihres täglichen Lebens gerecht werden können.

Warum ist Selbstfürsorge nicht verhandelbar?

In dieser leistungsorientierten Gesellschaft bleibt die Selbstfürsorge oft auf der Strecke. Wir priorisieren Arbeit, Familie und soziale Verpflichtungen, häufig auf Kosten unserer eigenen Gesundheit und unseres Glücks. Allerdings ist es nicht nachhaltig, die Selbstfürsorge zu vernachlässigen. Ohne sie riskieren wir Burnout, chronischen Stress und eine Vielzahl körperlicher und geistiger Gesundheitsprobleme. Deshalb muss Selbstfürsorge ein nicht verhandelbarer Teil Ihres Lebens sein:

1. Aufrechterhaltung Ihres Energieniveaus:

Stellen Sie sich Ihre Energie als eine Batterie vor, die regelmäßig aufgeladen werden muss. Selbstpflegeaktivitäten sind die Energiequelle, die Sie mit Energie versorgt. Wenn Sie die Selbstfürsorge ständig vernachlässigen, wird Ihr Akku leer und Sie fühlen sich erschöpft, überfordert und nicht in der Lage, Höchstleistungen zu erbringen. Regelmäßige Selbstfürsorgeübungen tragen dazu bei, Ihr Energieniveau aufrechtzuerhalten, Sie widerstandsfähiger gegen Stress zu machen und besser für die Herausforderungen des Lebens gerüstet zu sein.

2. Verbesserung der körperlichen Gesundheit:

Bei der Selbstfürsorge geht es nicht nur um geistiges und emotionales Wohlbefinden; Es hat auch direkte Auswirkungen auf Ihre körperliche Gesundheit. Aktivitäten wie regelmäßige Bewegung, gesunde Ernährung und ausreichend Schlaf sind grundlegende Aspekte der Selbstfürsorge. Sie helfen, Ihr Immunsystem zu stärken, das Risiko chronischer Krankheiten zu verringern und Ihre allgemeine Lebensqualität zu verbessern. Die Pflege Ihres Körpers ist für die langfristige Erhaltung Ihrer Gesundheit und Vitalität unerlässlich.

3. Steigerung des geistigen und emotionalen Wohlbefindens:

Psychische Gesundheit ist genauso wichtig wie körperliche Gesundheit. Selbstfürsorgepraktiken wie Achtsamkeit, Meditation und das Verbringen von Zeit mit Hobbys können dazu beitragen, Ängste abzubauen, die Stimmung zu verbessern und die emotionale Belastbarkeit zu erhöhen. Wenn Sie sich um Ihre geistige und emotionale Gesundheit kümmern, sind Sie besser in der Lage, mit Stress umzugehen, gesunde Beziehungen aufrechtzuerhalten und ein ausgeglicheneres und erfüllteres Leben zu führen.

4. Selbstmitgefühl fördern:

Selbstfürsorge ist ein Akt des Selbstmitgefühls. Es geht darum, Ihren eigenen Wert anzuerkennen und sich selbst mit der gleichen Freundlichkeit und dem gleichen Respekt zu behandeln, den Sie anderen entgegenbringen. Wenn Sie der Selbstfürsorge Priorität einräumen, erkennen Sie an, dass Ihre Bedürfnisse und Ihr Wohlbefinden wichtig sind. Dies fördert eine gesündere Beziehung zu sich selbst, stärkt das Selbstwertgefühl und fördert ein positiveres Selbstbild.

5. Ein positives Beispiel geben:

Wenn Sie Kinder oder andere Menschen haben, die zu Ihnen aufschauen, ist die Ausübung der Selbstfürsorge ein positives Beispiel. Es lehrt sie, wie wichtig es ist, auf sich selbst aufzupassen, und zeigt, dass Selbstfürsorge ein wesentlicher

Bestandteil eines gesunden, ausgeglichenen Lebens ist. Indem Sie Ihrem Wohlbefinden Priorität einräumen, können Sie Ihre Mitmenschen dazu inspirieren, dasselbe zu tun.

ZEIT FÜR SICH FINDEN: TÄGLICHE ROUTINEN.

Eine der größten Herausforderungen bei der Ausübung der Selbstfürsorge besteht darin, die Zeit zu finden. Zwischen Arbeit, Familie und anderen Verpflichtungen kann es unmöglich sein, auch nur ein paar Minuten für sich selbst zu finden. Selbstpflege muss jedoch nicht zeitaufwändig sein. Indem Sie kleine, überschaubare Routinen in Ihren Alltag integrieren, können Sie die Selbstfürsorge zu einem nahtlosen Teil Ihres Tages machen.

Zeit für Selbstfürsorge finden.

Es kann eine Herausforderung sein, Zeit für die Selbstfürsorge zu finden, aber mit etwas bewusster Planung und Priorisierung ist es möglich. Hier sind einige Strategien, die Ihnen helfen, Zeit für Selbstfürsorge zu finden:

1. Planen Sie es:

Behandeln Sie Ihre Selbstfürsorge wie jeden anderen wichtigen Termin, indem Sie ihn in Ihren Kalender eintragen. Planen Sie bestimmte Zeiten für Selbstpflegeaktivitäten ein und halten Sie sich wie jede andere Verpflichtung auch daran. Ganz gleich, ob es sich um ein morgendliches Training, einen Mittagsspaziergang oder eine abendliche Meditationssitzung handelt: Durch die Planung von Selbstfürsorge wird sichergestellt, dass diese zu einem festen Bestandteil Ihrer Routine wird.

2. Klein anfangen:

Wenn Sie noch nie zuvor Selbstfürsorge praktiziert haben, beginnen Sie mit einfachen, sanften Aktivitäten. Schon ein paar Minuten Selbstpflege pro Tag können einen Unterschied machen. Wenn Sie mit Ihrer Selbstpflegeroutine vertrauter werden, können Sie den Zeitaufwand und die Komplexität Ihrer Aktivitäten schrittweise steigern.

3. Aktivitäten kombinieren:

Suchen Sie nach Möglichkeiten, Selbstfürsorge mit anderen täglichen Aktivitäten zu kombinieren. Hören Sie sich zum Beispiel beim Pendeln eine geführte Meditation oder einen aufmunternden Podcast an, üben Sie achtsames Essen beim Essen oder machen Sie beim Fernsehen sanfte Dehnübungen. Durch die Kombination von Aktivitäten können Sie Selbstfürsorge in Ihren vollen Terminkalender integrieren, ohne sich überfordert zu fühlen.

4. Verantwortlichkeiten aufteilen:

Delegieren Sie Aufgaben und Verantwortlichkeiten ohne Angst an andere. Ganz gleich, ob es darum geht, ein Familienmitglied um Hilfe bei der Hausarbeit zu bitten oder Aufgaben bei der Arbeit zu delegieren: Durch die Lastenteilung kann Zeit für die Selbstfürsorge gewonnen werden. Denken Sie daran: Wenn Sie auf sich selbst achten, können Sie in allen Bereichen Ihres Lebens effektiver sein.

5. Machen Sie Selbstpflege zum Vergnügen:

Wählen Sie Selbstpflegeaktivitäten, die Ihnen wirklich Spaß machen und auf die Sie sich freuen. Ganz gleich, ob es sich um ein Hobby, eine kreative Beschäftigung oder eine entspannende Aktivität handelt: Freude an der Selbstfürsorge zu finden, macht sie nachhaltiger. Je mehr Ihnen Ihre Selbstpflegeroutine Spaß macht, desto wahrscheinlicher ist es, dass Sie dabei bleiben.

Integrieren Sie Selbstfürsorge in Ihr Leben.

Selbstfürsorge ist eine fortlaufende Praxis, die sich Ihren Bedürfnissen und Umständen anpasst. Es ist wichtig, Ihre Selbstpflegeroutine regelmäßig zu überprüfen und bei Bedarf Anpassungen vorzunehmen. Hier sind einige Hinweise, wie Sie Selbstfürsorge in Ihr Leben integrieren können:

1. Regelmäßige Selbstkontrolle:

Nehmen Sie sich Zeit für regelmäßige Selbstkontrollen, um zu beurteilen, wie Sie sich fühlen und was Sie brauchen. Erwägen Sie, Ihre Gedanken und Gefühle aufzuzeichnen und nutzen Sie diese Reflexion, um Bereiche zu identifizieren, in denen Sie möglicherweise mehr Selbstfürsorge benötigen. Regelmäßige Check-ins können Ihnen dabei helfen, Ihr Wohlbefinden im Auge zu behalten und notwendige Anpassungen Ihrer Routine vorzunehmen.

2. Flexibilität und Anpassungsfähigkeit:

Das Leben ist unvorhersehbar und Ihre Bedürfnisse zur Selbstfürsorge können sich im Laufe der Zeit ändern. Halten Sie eine anpassbare und flexible Selbstpflegeroutine ein. Wenn Ihnen eine bestimmte Aktivität nicht mehr hilft, zögern Sie nicht, etwas Neues auszuprobieren. Der Schlüssel liegt darin, offen für die Weiterentwicklung Ihrer Selbstpflegepraktiken zu bleiben, um Ihren aktuellen Bedürfnissen gerecht zu werden.

3. Feiern Sie kleine Erfolge:

Feiern Sie Ihre Erfolge bei der Selbstfürsorge, egal wie klein sie sind. Wenn Sie Ihre Bemühungen anerkennen und feiern, können Sie Ihre Motivation steigern und die Bedeutung der Selbstfürsorge unterstreichen. Ganz gleich, ob Sie eine Woche lang regelmäßig Sport treiben oder sich Zeit für ein entspannendes Bad nehmen: Erkennen und schätzen Sie die positiven Schritte, die Sie unternehmen.

4. Hilfe suchen:

Scheuen Sie sich nicht davor, andere um Unterstützung zu bitten. Ganz gleich, ob Sie mit einem Freund sprechen, einer Selbsthilfegruppe beitreten oder professionelle Hilfe suchen – ein Unterstützungssystem kann einen großen Unterschied machen. Umgeben Sie sich mit unterstützenden Menschen, die Sie auf Ihrem Weg zur Selbstfürsorge ermutigen und unterstützen können.

5. Hören Sie auf Ihren Körper:

Erkennen Sie die Signale Ihres Körpers und gehen Sie auf seine Bedürfnisse ein. Wenn Sie sich müde fühlen, ruhen Sie sich aus. Wenn Sie sich gestresst fühlen, machen Sie eine Pause. Auf Ihren Körper zu hören ist ein grundlegender Aspekt der

Selbstfürsorge und hilft Ihnen, im Einklang mit Ihrem Wohlbefinden zu bleiben.

Selbstfürsorge ist unerlässlich; es ist weder ein Luxus noch ein Genuss. Es geht darum zu erkennen, dass Sie Fürsorge, Liebe und Aufmerksamkeit verdienen. Indem Sie der Selbstfürsorge Priorität einräumen, investieren Sie in Ihre allgemeine Gesundheit und Ihr Wohlbefinden, wodurch Sie widerstandsfähiger, glücklicher und besser für die Bewältigung der Herausforderungen des Lebens gerüstet sind.

KÖRPERLICHE GESUNDHEIT: BEWEGUNG UND ERNÄHRUNG.

Warum körperliche Gesundheit wichtig ist.

Ihr Körper ist Ihr wertvollstes Gut. Die Pflege durch regelmäßige Bewegung und richtige Ernährung ist für die Aufrechterhaltung des Energieniveaus, die Vorbeugung chronischer Krankheiten und die Förderung des allgemeinen Wohlbefindens unerlässlich. Wenn Sie sich körperlich gut fühlen, wirkt sich das positiv auf Ihre geistige und emotionale Gesundheit aus und ermöglicht es Ihnen, die Herausforderungen des Lebens effektiver zu meistern.

Die Vorteile regelmäßiger Bewegung.

Bewegung ist ein Grundpfeiler der körperlichen Gesundheit. Es bietet eine Vielzahl von Vorteilen, darunter:

- ***Erhöhte Energieniveaus:*** Regelmäßige körperliche Aktivität steigert Ihre Energie, indem sie die Herz-Kreislauf-Gesundheit verbessert und die Leistungsfähigkeit Ihres Herzens und Ihrer Lunge steigert.

- ***Verbesserte Stimmung:*** Sport stimuliert die Produktion von Endorphinen, den natürlichen Stimmungsaufhellern des Körpers, die dabei helfen können, Stress, Angstzustände und Depressionen zu reduzieren.

- ***Besserer Schlaf:*** Durch körperliche Aktivität können Sie Ihren Schlafrhythmus regulieren, was zu einem tieferen und erholsameren Schlaf führt.

- ***Gewichtsmanagement:*** Sport hilft Ihnen, ein gesundes Gewicht zu halten, indem er Kalorien verbrennt und Muskeln aufbaut.

- ***Krankheitsprävention:*** Regelmäßige körperliche Aktivität verringert das Risiko chronischer Erkrankungen wie Herzerkrankungen, Diabetes und bestimmte Krebsarten.

Finden Sie die richtige Übung für Sie.

Der Schlüssel zur Aufrechterhaltung einer konsistenten Trainingsroutine liegt darin, Aktivitäten zu finden, die Ihnen

Spaß machen. Die folgenden Tipps helfen Ihnen herauszufinden, was für Sie am effektivsten ist:

1. *Entdecken Sie verschiedene Aktivitäten*: Experimentieren Sie mit verschiedenen Übungsarten, um herauszufinden, was Ihnen Spaß macht. Dazu können Gehen, Laufen, Schwimmen, Radfahren, Yoga, Gewichtheben oder Mannschaftssportarten gehören.

2. *Klein anfangen:* Wenn Sie neu im Sport sind, beginnen Sie mit kleinen, überschaubaren Zielen. Schon ein 10-minütiger Spaziergang am Tag kann einen erheblichen Unterschied machen. Wenn Sie sich wohl fühlen, erhöhen Sie schrittweise den Zeitrahmen und die Intensität.

3. *Machen Sie es sozial:* Das Training mit einem Freund oder die Teilnahme an einem Gruppenkurs kann körperliche Aktivität angenehmer machen und Motivation und Verantwortung fördern.

4. *Planen Sie es ein:* Behandeln Sie das Training wie jeden anderen wichtigen Termin, indem Sie es in Ihren Kalender eintragen. Um den vollen Nutzen aus körperlicher Aktivität zu ziehen, ist Beständigkeit der Schlüssel.

5. *Achten Sie auf Ihren Körper:* Hören Sie, wie sich Ihr Körper während und nach dem Training anfühlt. Wenn Sie Schmerzen oder Beschwerden verspüren, passen Sie Ihre Routine entsprechend an und konsultieren Sie gegebenenfalls einen Arzt.

Erstellen Sie eine ausgewogene Trainingsroutine.

Ein ausgewogenes Trainingsprogramm sollte eine Mischung aus Herz-Kreislauf-, Kraft-, Beweglichkeits- und Gleichgewichtsübungen umfassen. Hier ist eine einfache Anleitung, die Ihnen dabei hilft, eine ausgewogene Routine zu erstellen:

1. *Herz-Kreislauf-Training:* Streben Sie jede Woche mindestens 150 Minuten Cardiotraining mittlerer Intensität oder 75 Minuten Cardiotraining hoher Intensität an. Beispiele hierfür sind Übungen wie zügiges Gehen, Joggen, Radfahren oder Schwimmen.

2. *Krafttraining:* Planen Sie mindestens zwei Tage pro Woche Krafttraining ein. Dazu können Gewichtheben, Eigengewichtsübungen oder Widerstandsbandtraining gehören. Krafttraining hilft beim Muskelaufbau, verbessert die Knochendichte und kurbelt den Stoffwechsel an.

3. *Flexibilität und Ausgeglichenheit:* Integrieren Sie Beweglichkeits- und Gleichgewichtsübungen in Ihre Routine, um Ihre Bewegungsfreiheit zu verbessern und Verletzungen vorzubeugen. Yoga, Pilates und Dehnübungen sind hervorragende Möglichkeiten.

4. *Ruhe und Erholung:* Gönnen Sie Ihrem Körper zwischen den Trainingseinheiten Ruhe und Erholung. Übertraining kann zu Verletzungen und Burnout führen. Hören Sie daher unbedingt auf Ihren Körper und gönnen Sie sich nach Bedarf Ruhetage.

Ernährung: Tanken Sie Ihren Körper

Was Sie essen, hat einen tiefgreifenden Einfluss auf Ihre körperliche Gesundheit, Ihr Energieniveau und Ihr allgemeines Wohlbefinden. Die richtige Ernährung versorgt Ihren Körper mit den essentiellen Nährstoffen, die er benötigt, um optimal zu funktionieren, die Immunfunktion zu unterstützen und ein gesundes Gewicht zu halten.

Gesunde Essgewohnheiten.

Gesunde Essgewohnheiten sind entscheidend für die langfristige Erhaltung der Gesundheit. Hier sind einige wichtige Tipps, die Ihnen helfen sollen:

1. Ernähren Sie sich ausgewogen: Achten Sie auf eine ausgewogene Ernährung, die eine Vielzahl von Lebensmitteln aus allen Lebensmittelgruppen umfasst. Dazu können Obst, Gemüse, Vollkornprodukte, mageres Eiweiß und gute Fette gehören.

2. Bleiben Sie hydriert: Um den ganzen Tag über hydriert zu bleiben, trinken Sie viel Wasser. Verdauung, Nährstoffaufnahme und die allgemeine Gesundheit hängen alle vom Wasser ab. Streben Sie nach mindestens acht Gläsern Wasser oder mehr, wenn Sie sich täglich körperlich betätigen.

3. Portionskontrolle übernehmen: Achten Sie auf die Portionsgrößen, um einen übermäßigen Verzehr zu vermeiden. Verwenden Sie kleinere Teller, achten Sie auf Hunger- und Sättigungssignale und vermeiden Sie es, aus Langeweile oder Stress zu essen.

4. Begrenzen Sie verarbeitete Lebensmittel: Minimieren Sie den Verzehr von verarbeiteten und zuckerhaltigen Lebensmitteln, da diese zur Gewichtszunahme und verschiedenen Gesundheitsproblemen beitragen können. Ernähren Sie sich von vollwertigen, nährstoffreichen Lebensmitteln, die Ihren Körper nähren.

5. Mahlzeiten planen und vorbereiten: Nehmen Sie sich Zeit, Ihre Mahlzeiten im Voraus zu planen und vorzubereiten. Dies kann Ihnen dabei helfen, gesündere Entscheidungen zu treffen und der Versuchung von Fast Food oder ungesunden Snacks zu entgehen.

Nährstoffreiche Lebensmittel, die Sie in Ihre Ernährung aufnehmen sollten

Integrieren Sie die folgenden nährstoffreichen Lebensmittel in Ihre Ernährung, um eine optimale Gesundheit zu unterstützen:

1. Obst und Gemüse: Achten Sie auf eine Vielfalt an buntem Obst und Gemüse, um sicherzustellen, dass Sie eine breite Palette an Vitaminen, Mineralien und Antioxidantien erhalten. Beispiele hierfür sind Beeren, Blattgemüse, Karotten und Paprika.

2. Vollkorn: Entscheiden Sie sich für Vollkornprodukte wie braunen Reis, Quinoa, Haferflocken und Vollkornbrot. Diese liefern Ballaststoffe, die die Verdauung unterstützen und dafür sorgen, dass Sie sich länger satt fühlen.

3. Magere Proteine: Schließen Sie magere Proteinquellen wie Huhn, Truthahn, Fisch, Bohnen, Linsen und Tofu ein. Protein ist für die Muskelreparatur und das Muskelwachstum unerlässlich.

4. Gesunde Fette: Integrieren Sie gesunde Fette aus Quellen wie Avocados, Nüssen, Samen und Olivenöl. Gesunde Fette sind entscheidend für die Gehirnfunktionen und die Hormonproduktion.

5. Milchprodukte oder Milchalternativen: Wählen Sie fettarme Milchprodukte oder angereicherte Milchalternativen wie Mandelmilch oder Sojamilch, um sicherzustellen, dass Sie ausreichend Kalzium und Vitamin D erhalten.

PSYCHISCHE GESUNDHEIT: ACHTSAMKEITS- UND ENTSPANNUNGSTECHNIKEN.

So wie die körperliche Gesundheit für das allgemeine Wohlbefinden von entscheidender Bedeutung ist, so ist auch die geistige Gesundheit von entscheidender Bedeutung. Wie Sie denken, fühlen und handeln, wird von Ihrem Geisteszustand beeinflusst. Es beeinflusst auch, wie Sie mit Stress umgehen, mit anderen umgehen und Entscheidungen treffen. Die Priorisierung der psychischen Gesundheit durch Achtsamkeits- und Entspannungstechniken kann Ihre Lebensqualität verbessern und Ihnen helfen, die Anforderungen von Arbeit und Alltag effektiver zu bewältigen.

Was ist Achtsamkeit??

Achtsamkeit ist die Praxis, im Hier und Jetzt völlig präsent, beteiligt und urteilsfrei zu sein. Dabei geht es darum, mit einer Haltung der Neugier und Akzeptanz auf Ihre Gedanken,

Gefühle und körperlichen Empfindungen zu achten. Achtsamkeit kann durch Meditation, Atemübungen und achtsame Bewegung geübt werden.

Vorteile der Achtsamkeit

Das Praktizieren von Achtsamkeit bietet zahlreiche Vorteile, darunter:

-**Reduzierter Stress:** Achtsamkeit hilft, Stress abzubauen, indem sie einen Zustand der Entspannung fördert und ein Gefühl der Ruhe fördert.

-**Verbesserter Fokus:** Indem Sie Ihren Geist trainieren, präsent zu bleiben, verbessert Achtsamkeit Ihre Fähigkeit, sich zu konzentrieren und auf Aufgaben konzentriert zu bleiben.

-**Verbesserte emotionale Regulierung:** Achtsamkeit hilft Ihnen, sich Ihrer Emotionen bewusster zu werden und ausgeglichener auf sie zu reagieren.

-**Bessere Beziehungen:** Das Üben von Achtsamkeit kann Ihre Kommunikation und Ihr Einfühlungsvermögen verbessern und zu stärkeren und bedeutungsvolleren Beziehungen führen.

Wie man Achtsamkeit übt.

Um Achtsamkeit in den Alltag zu integrieren, ist weder viel Zeit noch spezielle Ausrüstung erforderlich.

Hier sind ein paar einfache Möglichkeiten, Achtsamkeit zu üben:

1. Achtsames Atmen: Nehmen Sie sich jeden Tag etwas Zeit, um sich auf Ihre Atmung zu konzentrieren. Schließen Sie die Augen, suchen Sie sich einen bequemen Sitz und atmen Sie tief und langsam ein. Überlegen Sie, wie sich Ihr Atem anfühlt, wenn er in Ihren Körper ein- und ausströmt.

2. Body-Scan-Meditation: Bei dieser Übung achten Sie auf verschiedene Körperteile, von Kopf bis Fuß. Legen Sie sich bequem hin oder setzen Sie sich bequem und richten Sie Ihre Aufmerksamkeit langsam auf jeden Teil Ihres Körpers und achten Sie auf alle Empfindungen oder Spannungsbereiche.

3. Achtsames Essen: Nehmen Sie Ihre Mahlzeiten langsam und aufmerksam zu sich und genießen Sie jeden Bissen. Achten Sie auf den Geschmack, die Textur und das Aroma Ihres Essens. Beobachten Sie, wie sich Ihr Körper vor, während und nach dem Essen anfühlt.

4. Achtsames Gehen: Machen Sie einen Spaziergang im Freien und konzentrieren Sie sich auf das Gefühl, wenn Ihre Füße den Boden berühren, auf die Bewegung Ihres Körpers und auf die Anblicke und Geräusche um Sie herum. Achtsames Gehen kann eine großartige Möglichkeit sein, sich mit der Natur zu verbinden und den Kopf frei zu bekommen.

5. Achtsamkeits-Apps: Es gibt viele Apps, die geführte Achtsamkeitsmeditationen und -übungen anbieten. Dies können hilfreiche Werkzeuge sein, um Achtsamkeit in Ihren Alltag zu integrieren.

Entspannungstechniken: Ruhe im Chaos finden

In der Welt, in der wir heute leben, ist es für die Aufrechterhaltung der geistigen Gesundheit und des allgemeinen Wohlbefindens unerlässlich, sich Zeit zum Entspannen zu nehmen. Entspannungstechniken helfen, Stress abzubauen, den Schlaf zu verbessern und Ihre Fähigkeit zu verbessern, mit den Herausforderungen des Lebens umzugehen. Wenn Sie Entspannung in Ihren Alltag integrieren, können Sie inmitten des Chaos für ein Gefühl von Ausgeglichenheit und Ruhe sorgen.

Entspannungstechniken zum Ausprobieren:

Hier sind einige wirksame Entspannungstechniken, die Ihnen helfen, abzuschalten und neue Energie zu tanken:

1. Atemübungen: Tiefes Atmen ist eine einfache, aber wirkungsvolle Entspannungstechnik. Suchen Sie sich einen ruhigen Platz zum Sitzen oder Liegen und atmen Sie langsam und tief ein. Atmen Sie tief durch die Nase ein, halten Sie den Atem einige Sekunden lang an und atmen Sie dann langsam durch den Mund aus. Konzentrieren Sie sich auf das Gefühl Ihres Atems und entspannen Sie sich bei jedem Ausatmen.

2. Progressive Muskelentspannung: Bei dieser Technik werden verschiedene Muskelgruppen Ihres Körpers angespannt und anschließend entspannt. Beginnen Sie mit den Zehen und arbeiten Sie sich bis zum Kopf vor. Spannen Sie dabei jeden Muskel einige Sekunden lang an, bevor Sie ihn entspannen. Diese Übung hilft Ihnen, sich körperlicher Anspannung bewusster zu werden und fördert die Entspannung.

3. Visualisierung: Bei der Visualisierung geht es darum, sich im Kopf eine friedliche und beruhigende Szene vorzustellen. Schließen Sie die Augen und stellen Sie sich eine ruhige

Umgebung vor, zum Beispiel einen Strand, einen Wald oder eine Wiese. Beanspruchen Sie alle Ihre Sinne, indem Sie sich die Sehenswürdigkeiten, Geräusche, Gerüche und Empfindungen dieses Ortes vorstellen. Visualisierung kann helfen, Stress abzubauen und das Gefühl der Ruhe zu steigern.

4. *Yoga:* Yoga kombiniert Körperhaltungen, Atemübungen und Meditation, um Entspannung zu fördern und Stress abzubauen. Regelmäßiges Praktizieren von Yoga kann die Flexibilität, Kraft und geistige Klarheit verbessern. Es gibt viele Yoga-Stile. Finden Sie also einen, der Ihren Bedürfnissen und Vorlieben entspricht.

5. *Geführte Meditation:* Bei der geführten Meditation hört man sich eine aufgezeichnete Meditation an, die von einem Lehrer oder Führer geleitet wird. Diese Meditationen beinhalten oft Anweisungen für tiefes Atmen, Visualisierung und Achtsamkeit. Geführte Meditation kann ein hilfreiches Werkzeug für Anfänger und diejenigen sein, die ihre Praxis vertiefen möchten.

6. *Aromatherapie:* Bei der Aromatherapie werden ätherische Öle eingesetzt fördern Entspannung und Wohlbefinden. Düfte wie Lavendel, Kamille und Eukalyptus sind für ihre beruhigende Wirkung bekannt. Sie können ätherische Öle in einem Diffusor verwenden, sie einem warmen Bad hinzufügen oder auf Ihre Haut auftragen (verdünnt mit einem Trägeröl).

7. *Musik hören:* Das Hören beruhigender Musik kann helfen, Stress abzubauen und die Entspannung zu fördern. Erstellen Sie eine Playlist mit Ihren beruhigenden Lieblingsliedern und nehmen Sie sich Zeit zum Zuhören und Entspannen.

Erstellen Sie eine Entspannungsroutine.

Um die Vorteile der Entspannung zu nutzen, ist es wichtig, sie zu einem festen Bestandteil Ihrer Routine zu machen. Hier sind einige Tipps, wie Sie Entspannung in Ihren Alltag integrieren können:

1. Nehmen Sie sich Zeit: Planen Sie jeden Tag eine bestimmte Zeit zum Entspannen ein, auch wenn es nur ein paar Minuten sind. Konsistenz ist der Schlüssel, um Entspannung zur Gewohnheit zu machen.

2. Schaffen Sie eine entspannende Umgebung: Richten Sie in Ihrem Zuhause einen Raum ein, in dem Sie sich ohne Ablenkung entspannen können. Dies könnte eine gemütliche Ecke mit einem bequemen Stuhl, sanfter Beleuchtung und beruhigenden Düften sein.

3. Techniken kombinieren: Experimentieren Sie mit verschiedenen Entspannungstechniken und finden Sie heraus, was für Sie am besten funktioniert. Sie werden vielleicht feststellen, dass eine Kombination aus tiefer Atmung, Visualisierung und Yoga am effektivsten ist.

4. Seien Sie anwesend: Konzentrieren Sie sich beim Üben von Entspannungstechniken darauf, ganz im Moment präsent zu sein. Lassen Sie alle Sorgen und Ablenkungen los und gönnen Sie sich die Erlaubnis, sich zu entspannen.

5. Übe Selbstmitgefühl: Seien Sie freundlich zu sich selbst und erkennen Sie an, dass Entspannung ein wichtiger Teil der

Selbstfürsorge ist. Gönnen Sie sich Pausen und tanken Sie neue Energie, ohne sich schuldig zu fühlen.

C*Einschluss*

Selbstfürsorge ist ein wesentlicher Aspekt, um Ihr Leben von den Anforderungen der Arbeit zu befreien. Wenn Sie auf sich selbst aufpassen, können Sie in allen Bereichen Ihres Lebens voll zur Geltung kommen, von Ihren persönlichen Beziehungen bis hin zu Ihren beruflichen Verpflichtungen.

Behalten Sie auf Ihrem weiteren Weg zur Wiedererlangung Ihres Lebens die folgenden Grundvoraussetzungen für die Selbstfürsorge im Hinterkopf. Wenn Sie regelmäßige Bewegung, richtige Ernährung, Achtsamkeit und Entspannungstechniken in Ihren Alltag integrieren, können Sie Ihr allgemeines Wohlbefinden unterstützen und die Balance finden, die Sie verdienen.

Indem Sie die Bedeutung der Selbstfürsorge verstehen und die in diesem Kapitel besprochenen Strategien umsetzen, können Sie eine solide Selbstfürsorgeroutine erstellen, die Ihr allgemeines Wohlbefinden unterstützt. Wenn Sie Ihrer körperlichen und geistigen Gesundheit Priorität einräumen, werden Sie feststellen, dass Sie über mehr Energie, Konzentration und Belastbarkeit verfügen, um die Anforderungen von Arbeit und Leben zu meistern. Denken Sie daran, dass Selbstfürsorge nicht egoistisch ist – sie ist ein wesentlicher Bestandteil eines ausgeglichenen und erfüllten Lebens. Setzen wir uns dafür ein, auf uns selbst aufzupassen und unser Leben vom Druck der Arbeit zu befreien.

Reflexionsfrage: Warum Selbstfürsorge nicht verhandelbar ist

Was sind die aktuellen Stressfaktoren in Ihrem Leben und wie haben sie sich auf Ihr körperliches und geistiges Wohlbefinden ausgewirkt?

Transformationsübung: Schreiben Sie einen Brief an sich selbst und beschreiben Sie, warum Sie Selbstfürsorge verdienen. Heben Sie hervor, wie wichtig Selbstfürsorge für die Erhaltung Ihrer allgemeinen Gesundheit ist und wie sie sowohl Ihrem Privat- als auch Ihrem Berufsleben zugute kommt.

Reflexionsfrage: Zeit für sich selbst finden

Wie verbringen Sie derzeit täglich Ihre Zeit? Identifizieren Sie Aktivitäten, die Ihre Zeit verbrauchen, aber nicht zu Ihrem Wohlbefinden beitragen.

Transformationsübung: Erstellen Sie einen Tagesplan, der mindestens 30 Minuten ausschließlich für Selbstpflegeaktivitäten vorsieht. Dazu kann Lesen, ein Spaziergang, Meditieren oder jede andere Aktivität gehören, die Ihnen hilft, sich zu entspannen und neue Energie zu tanken.

Reflexionsfrage: Körperliche Gesundheit: Bewegung und Ernährung

Was sind Ihre aktuellen Bewegungs- und Essgewohnheiten und wie wirken sie sich auf Ihr Energieniveau und Ihre allgemeine Gesundheit aus?

Transformationsübung: Setzen Sie sich konkrete, erreichbare Ziele zur Verbesserung Ihrer körperlichen Gesundheit. Machen Sie beispielsweise jeden Tag einen 15-minütigen Spaziergang oder ersetzen Sie einen ungesunden Snack durch eine nahrhafte Alternative. Verfolgen Sie Ihre Fortschritte über einen Monat hinweg und denken Sie über die Veränderungen nach, die Sie in Ihrer Energie und Stimmung bemerken.

Reflexionsfrage: *Psychische* *Gesundheit: Achtsamkeits- und Entspannungstechniken*

Wie oft fühlen Sie sich überfordert oder ängstlich und welche Bewältigungsmechanismen nutzen Sie derzeit, um mit diesen Gefühlen umzugehen?

Transformationsübung: Üben Sie täglich mindestens 10 Minuten lang eine Achtsamkeits- oder Entspannungstechnik wie tiefes Atmen oder Meditation. Führen Sie ein Tagebuch, um Ihre Erfahrungen zu dokumentieren und alle Veränderungen Ihres Stresslevels und Ihrer allgemeinen geistigen Klarheit zu notieren.

Reflexionsfrage: Selbstfürsorge in den Alltag integrieren

Reflexionsfrage: Auf welche Hindernisse oder Herausforderungen stoßen Sie bei der Priorisierung der Selbstfürsorge und wie können Sie diese angehen?

Transformationsübung: Entwickeln Sie einen personalisierten Selbstpflegeplan, der spezifische Aktivitäten beschreibt, die Sie in Ihren Alltag integrieren werden. Berücksichtigen Sie Strategien zur Überwindung potenzieller Hindernisse, z. B. das Setzen von Grenzen bei der Arbeit oder die Suche nach Unterstützung bei Ihren Lieben. Überprüfen und passen Sie Ihren Plan regelmäßig an, um sicherzustellen, dass er effektiv und nachhaltig bleibt.

Self-Care-Brief

Schreiben Sie sich selbst einen herzlichen Brief über die Bedeutung der Selbstfürsorge. Geben Sie Gründe an, warum Selbstfürsorge für Ihre Gesundheit und Ihr Glück unerlässlich ist. Lesen Sie diesen Brief noch einmal durch, wenn Sie sich überfordert oder schuldig fühlen, weil Sie sich Zeit für sich selbst nehmen.

KAPITEL SECHS.
AUFBAU EINES UNTERSTÜTZUNGSSYSTEMS.

DIE BEDEUTUNG DER GEMEINSCHAFT.

Auf unserem Weg, unser Leben von den überwältigenden Anforderungen der Arbeit zu befreien, sticht ein Schlüsselelement hervor: die Gemeinschaft. Das Sprichwort „Niemand ist eine Insel" hat eine tiefe Wahrheit, insbesondere in der Hektik des modernen Lebens. Ein unterstützendes Netzwerk von Menschen um Sie herum kann einen großen Unterschied darin machen, wie Sie die Herausforderungen des Lebens meistern und seine Freuden feiern.

Warum Gemeinschaft wichtig ist.

Teil einer Gemeinschaft zu sein bietet emotionale Unterstützung, praktische Hilfe und ein Zugehörigkeitsgefühl. Wenn Sie eine Gruppe von Menschen haben, die Sie verstehen, Ihre Werte teilen und für Sie da sind, dient das als Sicherheitsnetz, das Sie auffängt, wenn Sie fallen, und Sie aufrichtet, wenn Sie Erfolg haben.

Hier sind einige Gründe, warum Gemeinschaft wichtig ist:

Emotionale Unterstützung: Wenn Sie sich gestresst oder überfordert fühlen oder einfach jemanden zum Reden brauchen, ist es von unschätzbarem Wert, Freunde, Familie und Mentoren zu haben, die Ihnen zuhören und Sie ermutigen können. Sie können unterschiedliche Perspektiven auf Ihre Probleme bieten und Ihnen helfen, Lösungen zu finden, an die Sie vielleicht nicht gedacht haben.

Praktische Hilfe: Gemeinschaft kann auch bedeuten, Menschen zu haben, die einem bei konkreten Bedürfnissen helfen können. Dies kann alles sein, von der Unterstützung beim Umzug in ein neues Zuhause über die Betreuung Ihrer Kinder für ein paar Stunden bis hin zur professionellen Beratung. Diese praktischen Hilfsmittel entlasten Sie und machen die logistischen Herausforderungen des Lebens leichter zu bewältigen.

Zugehörigkeitsgefühl: Menschen sind von Natur aus soziale Wesen. Ein Zugehörigkeitsgefühl trägt zum Gedeihen bei. Die Zugehörigkeit zu einer Gemeinschaft vermittelt Ihnen ein Zugehörigkeitsgefühl, das Ihr Selbstwertgefühl und Ihr allgemeines Glück steigert. Es hilft Ihnen zu verstehen, dass Sie mit Ihren Problemen nicht allein sind und dass andere ähnliche Erfahrungen machen.

Gemeinsame Ressourcen: Gemeinschaften bündeln häufig Ressourcen, sei es Wissen, Fähigkeiten oder physische Gegenstände. Dieser Austausch fördert eine kollaborative Umgebung, von der alle profitieren. Wenn Sie beispielsweise einer Berufsgruppe beitreten, erhalten Sie Zugang zu einer Fülle von Branchenkenntnissen und Möglichkeiten, die Sie auf eigene Faust vielleicht nicht entdeckt hätten.

FINDEN SIE IHREN STAMM: FREUNDE UND MENTOREN.

Der Aufbau eines Unterstützungssystems beginnt damit, dass Sie Ihren Stamm finden – die Freunde, Kollegen und Mentoren, die Sie ansprechen und Sie auf Ihrem Weg unterstützen. Hier erfahren Sie, wie Sie diese wesentlichen Beziehungen finden und pflegen können.

Freunde: Das Herz Ihres Unterstützungssystems

Freunde bilden den Kern Ihres Unterstützungssystems. Es sind die Menschen, mit denen du du selbst sein kannst, die deine Macken kennen und dich trotzdem lieben. Aber sinnvolle Freundschaften zu finden und zu pflegen erfordert Anstrengung und Absicht.

Identifizieren Sie Ihre Werte und Interessen:

Beginnen Sie damit, Ihre Grundwerte und Interessen zu identifizieren. Was liegt Ihnen besonders am Herzen? Welche Aktivitäten bereiten Ihnen Freude? Freunde zu finden, die diese Werte und Interessen teilen, kann zu tieferen und bedeutungsvolleren Verbindungen führen.

Treten Sie Clubs und Gruppen bei:

Eine der besten Möglichkeiten, Gleichgesinnte zu treffen, besteht darin, Clubs, Gruppen oder Organisationen beizutreten, die Ihren Interessen entsprechen. Dies kann alles sein, von einem Buchclub bis hin zu einer Sportmannschaft, einem Berufsverband oder einer Freiwilligengruppe. Diese

Umgebungen bieten natürliche Möglichkeiten, mit anderen in Kontakt zu treten.

Seien Sie offen und zugänglich:

Der Aufbau von Freundschaften erfordert Offenheit und Zugänglichkeit. Lächle, stelle Augenkontakt her und initiiere Gespräche. Binden Sie andere wirklich in ein Gespräch ein, indem Sie Fragen stellen und aufmerksam sind.

Investieren Sie Zeit und Mühe:

Freundschaften entstehen nicht über Nacht. Ihre Entwicklung erfordert Zeit und Mühe. Achten Sie darauf, mit neuen Bekanntschaften in Kontakt zu bleiben. Laden Sie sie zum Kaffee ein, planen Sie gemeinsame Aktivitäten und bemühen Sie sich konsequent, die Beziehung zu pflegen.

Sei ein guter Freund:

Denken Sie daran, Freundschaft ist keine Einbahnstraße. Seien Sie für Ihre Freunde da, bieten Sie ihnen Unterstützung an, wenn sie sie brauchen, und feiern Sie ihre Erfolge. Ein verlässlicher und unterstützender Freund zu sein, ermutigt andere, sich zu revanchieren.

Mentoren: Begleiter auf Ihrer Reise

Mentoren sind Personen, die mehr Erfahrung in einem bestimmten Bereich haben und Anleitung, Unterstützung und Weisheit bieten können. Ein Mentor kann Ihre persönliche und berufliche Entwicklung erheblich beeinflussen.

Identifizieren Sie potenzielle Mentoren:

Suchen Sie nach Menschen, die das erreicht haben, was Sie anstreben, und die die Qualitäten verkörpern, die Sie bewundern. Dies können Kollegen, Führungskräfte in Ihrer Branche oder Einzelpersonen in Ihrer Gemeinde sein.

Kontaktieren Sie uns:

Zögern Sie nicht, sich an potenzielle Mentoren zu wenden. Stellen Sie sich vor, drücken Sie Ihre Bewunderung für ihre Arbeit aus und erklären Sie, warum Sie ihre Beratung suchen. Gehen Sie respektvoll mit ihrer Zeit um und formulieren Sie Ihre Anfrage klar und prägnant.

Machen Sie sich Ihre Ziele klar:

Machen Sie sich beim Einrichten einer Mentorschaft klar, welche Ziele Sie verfolgen und was Sie mit der Beziehung erreichen möchten. Dies hilft Ihrem Mentor zu verstehen, wie er Sie am besten unterstützen kann.

Seien Sie offen für Feedback: Mentoren können wertvolles Feedback geben, das Sie bei Ihrer Weiterentwicklung unterstützen kann. Seien Sie offen für ihre Vorschläge und bereit, auf der Grundlage ihrer Ratschläge Änderungen vorzunehmen. Diese Offenheit wird Ihnen helfen, das Beste aus der Mentoring-Beziehung herauszuholen.

In Verbindung bleiben:

Kommunizieren Sie weiterhin regelmäßig mit Ihrem Mentor. Halten Sie sie über Ihre Fortschritte auf dem Laufenden und holen Sie sich bei Bedarf ihren Rat. Der Aufbau einer langfristigen Beziehung zu Ihrem Mentor kann Ihnen kontinuierliche Unterstützung und Anleitung bieten.

Beitritt zu Communities und Netzwerken

Neben dem Aufbau von Freundschaften und der Suche nach Mentoren kann der Beitritt zu Communities und Netzwerken Ihr Unterstützungssystem erweitern. Hier sind einige Möglichkeiten, sich zu engagieren:

1. Berufsverbände: Treten Sie Berufsverbänden mit Bezug zu Ihrem Fachgebiet bei. Diese Organisationen bieten häufig Networking-Veranstaltungen, Workshops und Ressourcen an, die Ihr Wachstum und Ihre Entwicklung unterstützen können.

2. Interessengruppen: Treten Sie Gruppen bei, die Ihren Interessen und Hobbys entsprechen. Ganz gleich, ob es sich um einen Buchclub, eine Sportmannschaft oder eine Hobbygruppe handelt, diese Communities bieten die Möglichkeit, mit Gleichgesinnten in Kontakt zu treten und Freundschaften aufzubauen.

3. Online-Communitys: Online-Communities und -Foren können wertvolle Unterstützung und Kontakte bieten, insbesondere wenn Sie nach spezifischen Ratschlägen oder Ressourcen suchen. Beteiligen Sie sich an Diskussionen, teilen Sie Ihre Erfahrungen und bitten Sie die Community um Unterstützung.

4. Freiwilligenarbeit: Wenn Sie sich ehrenamtlich für eine Sache engagieren, die Ihnen am Herzen liegt, können Sie Kontakte zu anderen Menschen knüpfen, die Ihre Werte und Leidenschaften teilen. Es bietet auch die Möglichkeit, der Gemeinschaft etwas zurückzugeben und eine positive Wirkung zu erzielen.

5. *Networking-Events:* Nehmen Sie an Networking-Events und Konferenzen teil, um neue Leute kennenzulernen und Ihr berufliches Netzwerk zu erweitern. Diese Veranstaltungen bieten die Möglichkeit, mit potenziellen Mentoren, Mitarbeitern und Freunden in Kontakt zu treten.

Pflege Ihres Support-Systems

Der Aufbau eines Unterstützungssystems ist ein fortlaufender Prozess. Hier sind einige Tipps zur Aufrechterhaltung und Pflege Ihres Unterstützungssystems:

1. *Regelmäßige Kommunikation:* Bleiben Sie mit Ihren Freunden, Mentoren und Community-Mitgliedern in Kontakt. Regelmäßige Kommunikation stärkt Ihre Beziehungen und stellt sicher, dass Sie in Verbindung bleiben.

2. *Support anbieten:* Support ist keine Einbahnstraße. Seien Sie für Ihre Freunde und Mentoren da, wenn sie Hilfe brauchen. Wenn Sie Ihre Unterstützung anbieten, stärken Sie Ihre Beziehungen und schaffen ein Gefühl der Gegenseitigkeit.

3. *Seien Sie anwesend:* Seien Sie präsent und engagiert, wenn Sie mit Ihrem Support-System interagieren. Zeigen Sie echtes Interesse an ihrem Leben und seien Sie da, um ihnen zuzuhören und sie zu unterstützen.

4. *Gemeinsam feiern:* Feiern Sie gemeinsam Erfolge und Meilensteine. Die Freude des anderen zu teilen schafft positive Erfahrungen und stärkt die Bindung.

5. *Sich anpassen und wachsen:* Wenn sich Ihr Leben und Ihre Bedürfnisse ändern, kann sich auch Ihr

Unterstützungssystem weiterentwickeln. Seien Sie offen für die Anpassung und Erweiterung Ihres Supportsystems, um Ihren sich ändernden Anforderungen gerecht zu werden.

AUF DIE UNTERSTÜTZUNG DER FAMILIE ANGEWIESEN.

Die Familie kann eine unschätzbare Quelle der Unterstützung sein, wenn Sie die Herausforderungen der Vereinbarkeit von Beruf und Privatleben meistern. Obwohl jede Familiendynamik einzigartig ist, können die Liebe und das Verständnis, die Familienmitglieder oft entgegenbringen, eine starke Grundlage für emotionale und praktische Unterstützung bilden.

Die Rolle der Familie verstehen

Familienmitglieder können unterschiedliche Formen der Unterstützung anbieten: emotionale, praktische und manchmal sogar finanzielle. Sie sind oft die Menschen, die Sie am besten kennen, Ihre Geschichte verstehen und bedingungslose Liebe und Ermutigung anbieten können. Wenn Sie sich auf Ihre Familie verlassen, können Sie sich geerdet und unterstützt fühlen, während Sie auf eine bessere Balance in Ihrem Leben hinarbeiten.

1. Mitteilung Ihrer Bedürfnisse:

Einer der wichtigsten Aspekte bei der Unterstützung durch die Familie ist eine offene und ehrliche Kommunikation. Es ist wichtig, dass Sie Ihrer Familie mitteilen, was Sie durchmachen und wie sie helfen kann. Hier sind einige Vorschläge für eine effiziente Kommunikation mit Ihrer Familie:

1. Seien Sie ehrlich und direkt: Teilen Sie Ihre Probleme und den Stress, den Sie erleben. Lassen Sie Ihre Familie wissen, welche konkrete Unterstützung Sie benötigen, sei es ein offenes Ohr, Hilfe bei der Hausarbeit oder einfach nur Verständnis dafür, dass Sie etwas Zeit für sich allein brauchen.

2. Dankbarkeit ausdrücken: Zeigen Sie Wertschätzung für die Unterstützung, die Ihre Familie leistet. Ein einfaches Dankeschön kann viel dazu beitragen, Ihre Beziehungen zu stärken und zu kontinuierlicher Unterstützung zu ermutigen.

3. Grenzen setzen: Während die Unterstützung der Familie von unschätzbarem Wert ist, ist es auch wichtig, Grenzen zu setzen, um sicherzustellen, dass Ihre Bedürfnisse erfüllt werden, ohne sich überfordert oder überlastet zu fühlen. Kommunizieren Sie Ihre Grenzen klar und respektvoll.

4. Beziehen Sie sie in Lösungen ein: Binden Sie Ihre Familie ein, Lösungen für Ihre Herausforderungen zu finden. Dies könnte bedeuten, einen gemeinsamen Familienkalender zu erstellen, um die Zeitpläne aller zu vereinbaren, oder einen Plan zur Aufteilung der Haushaltspflichten zu entwickeln.

2. Emotionale Unterstützung:

Familienmitglieder können einen sicheren Raum bieten, um Ihre Gefühle auszudrücken und Ihre Erfahrungen auszutauschen. Hier sind einige Möglichkeiten, ihre emotionale Unterstützung zu nutzen:

1. Vertraue ihnen: Teilen Sie Ihre Gefühle und Erfahrungen mit Familienmitgliedern, denen Sie vertrauen. Wenn Sie über Ihre Herausforderungen sprechen, kann dies dazu beitragen, die emotionale Belastung zu verringern und Ihnen neue Perspektiven zu eröffnen.

2. Suchen Sie nach Ermutigung: Teilen Sie Ihrer Familie mit, wenn Sie Ermutigung oder Bestätigung brauchen. Ihre positive Verstärkung kann Ihr Selbstvertrauen und Ihre Motivation stärken.

3. Traditionen schaffen: Etablieren Sie regelmäßige Familientraditionen oder Aktivitäten, die Gelegenheit für Kontakte und Entspannung bieten. Dies kann ein wöchentliches Familienessen, ein Spieleabend oder ein Wochenendausflug sein.

3. Praktische Unterstützung:

Auch Familienangehörige können Ihnen praktische Unterstützung bieten, damit Sie Ihre Arbeitsbelastung und Verantwortung besser bewältigen können:

1. Gemeinsame Verantwortlichkeiten: Delegieren Sie Hausarbeiten und Pflichten an die Familienmitglieder. Dadurch können Sie Zeit gewinnen und Ihren Stress reduzieren, sodass Sie sich auf andere Bereiche Ihres Lebens konzentrieren können.

2. Kinderbetreuungshilfe: Wenn Sie Kinder haben, können Familienmitglieder bei der Kinderbetreuung helfen, sei es beim Babysitten, beim Abholen von der Schule oder bei der Hausaufgabenhilfe. Diese Unterstützung kann Ihnen dringend benötigte Pausen und Zeit verschaffen, um sich auf die Arbeit oder die Selbstfürsorge zu konzentrieren.

3. Besorgungen erledigen: Familienmitglieder können bei Besorgungen wie dem Lebensmitteleinkauf, der Abholung von Rezepten oder anderen Aufgaben, die zeitaufwändig sein können, behilflich sein. Diese praktische Unterstützung kann Ihnen helfen, Ihre Zeit effektiver zu verwalten.

4. Finanzielle Beratung oder Unterstützung: In einigen Fällen können Familienmitglieder finanzielle Unterstützung oder Beratung anbieten. Auch wenn dies nicht immer zutrifft, kann es in schwierigen Zeiten eine große Hilfe sein.

PROFESSIONELLE HILFE: WANN UND WIE SIE SIE SUCHEN

Während die Unterstützung durch die Familie von unschätzbarem Wert ist, gibt es Zeiten, in denen die Inanspruchnahme professioneller Hilfe notwendig und nützlich ist. Professionelle Hilfe kann in vielen Formen erfolgen, einschließlich Therapie, Coaching oder Beratung durch Experten in bestimmten Bereichen. Zu wissen, wann und wie Sie professionelle Hilfe in Anspruch nehmen können, kann für die Aufrechterhaltung Ihres Wohlbefindens und ein ausgeglichenes Leben von entscheidender Bedeutung sein.

Den Bedarf an professioneller Hilfe erkennen:

Es ist wichtig, die Anzeichen zu erkennen, die darauf hinweisen, dass Sie möglicherweise professionelle Hilfe benötigen. Hier sind einige Szenarien, in denen die Suche nach professioneller Unterstützung von Vorteil sein könnte:

1. Anhaltender Stress oder Angst: Wenn Sie unter anhaltendem Stress oder Ängsten leiden, die Ihr tägliches Funktionieren und Wohlbefinden beeinträchtigen, ist es möglicherweise an der Zeit, einen Psychologen um Hilfe zu bitten.

2. Schwierigkeiten bei der Vereinbarkeit von Beruf und Privatleben: Wenn Sie Schwierigkeiten haben, die Balance zwischen Beruf und Privatleben zu finden, obwohl Sie verschiedene Strategien ausprobiert haben, kann Ihnen ein Coach oder Berater Orientierung und Unterstützung bieten.

3. Beziehungsprobleme: Wenn Ihre Beziehungen zu Familie, Freunden oder Kollegen angespannt sind und Sie Konflikte nicht alleine lösen können, kann Ihnen ein Therapeut bei der Bewältigung dieser Herausforderungen helfen.

4. Bedarf an Fachwissen: Manchmal benötigen Sie möglicherweise spezielle Kenntnisse oder Fähigkeiten, um bestimmte Herausforderungen anzugehen, z. B. Finanzplanung, Karriereentwicklung oder Gesundheit und Wohlbefinden. Durch die Beratung mit Experten auf diesen

Gebieten erhalten Sie die Tools und Informationen, die Sie benötigen.

Arten professioneller Hilfe.

Es gibt verschiedene Arten professioneller Hilfe, die jeweils unterschiedliche Formen der Unterstützung bieten:

1. Therapeuten und Berater: Diese Fachkräfte für psychische Gesundheit können Ihnen dabei helfen, emotionale und psychologische Herausforderungen anzugehen, Bewältigungsstrategien zu entwickeln und Ihr allgemeines Wohlbefinden zu verbessern.

2. Lebensberater: Lebensberater können Ihnen dabei helfen, persönliche und berufliche Ziele zu setzen und zu erreichen, Ihr Zeitmanagement zu verbessern und Ihre allgemeine Lebenszufriedenheit zu steigern.

3. Karrierecoaches: Karrierecoaches sind darauf spezialisiert, Ihnen bei der Orientierung auf Ihrem Karriereweg zu helfen, sei es bei der Suche nach einem neuen Job, dem Aufstieg in Ihrer aktuellen Rolle oder dem Wechsel in einen anderen Bereich.

4. Finanzberater: Finanzberater können Sie bei der Verwaltung Ihrer Finanzen, der Zukunftsplanung und fundierten Finanzentscheidungen unterstützen.

5. Gesundheits- und Wellness-Experten: Ernährungsberater, Fitnesstrainer und andere Gesundheitsexperten können Ihnen dabei helfen, einen gesunden Lebensstil zu entwickeln und spezifische Gesundheitsprobleme anzugehen.

6. Berater: Berater können Fachwissen und Beratung in Bereichen wie Unternehmensführung, Organisationsentwicklung und Produktivitätssteigerung anbieten.

So suchen Sie professionelle Hilfe.

Sobald Sie den Bedarf an professioneller Hilfe erkannt haben, besteht der nächste Schritt darin, die richtige Unterstützung zu finden. Hier sind einige Tipps, die Ihnen bei der Bewältigung des Prozesses helfen sollen:

1. Identifizieren Sie Ihre Bedürfnisse: Bestimmen Sie anhand Ihrer spezifischen Herausforderungen und Ziele, welche Art von professioneller Hilfe Sie benötigen. Dies wird Ihnen helfen, den richtigen Experten zu finden, der Sie unterstützt.

2. Recherche und Empfehlungen: Beginnen Sie damit, nach Fachleuten in Ihrer Nähe zu suchen oder Empfehlungen von Freunden, Familie oder Kollegen einzuholen. Suchen Sie nach Fachleuten mit den entsprechenden Qualifikationen, Erfahrungen und einem guten Ruf.

3. Überprüfen Sie die Anmeldeinformationen: Überprüfen Sie die Qualifikationen und Qualifikationen der Fachkräfte, die Sie in Betracht ziehen. Stellen Sie sicher, dass sie in ihren jeweiligen Bereichen lizenziert und zertifiziert sind.

4. Erstberatung: Viele Fachleute bieten eine Erstberatung an, um Ihre Bedürfnisse zu besprechen und festzustellen, ob sie zu Ihnen passen. Nutzen Sie diese Gelegenheit, um Fragen zu stellen, ihre Vorgehensweise zu verstehen und Ihr Wohlbefinden mit ihnen einzuschätzen.

5. Setzen Sie sich klare Ziele: Setzen Sie sich vor Beginn Ihrer Sitzungen klare Ziele für das, was Sie erreichen möchten. Teilen Sie diese Ziele dem von Ihnen gewählten Fachmann mit, damit dieser seine Unterstützung auf Ihre Bedürfnisse zuschneiden kann.

6. Bekennen Sie sich zum Prozess: Die Suche nach professioneller Hilfe erfordert Engagement und aktive Teilnahme. Seien Sie offen für Feedback, bereit, Änderungen vorzunehmen, und setzen Sie sich engagiert für die Erreichung Ihrer Ziele ein.

Maximierung der Vorteile professioneller Hilfe

Um Ihre professionelle Unterstützung optimal zu nutzen, beachten Sie die folgenden Tipps:

1. Seien Sie offen und ehrlich: Teilen Sie Ihre Gedanken, Gefühle und Herausforderungen offen mit Ihrer professionellen Unterstützung. Ehrlichkeit ist für sie von entscheidender Bedeutung, um Ihre Situation zu verstehen und wirksame Ratschläge zu geben.

2. Folgen Sie: Setzen Sie die Strategien und Empfehlungen Ihrer professionellen Unterstützung um. Konsistenz und Durchsetzung sind der Schlüssel zum Erreichen positiver Ergebnisse.

3. Regelmäßige Check-Ins: Planen Sie regelmäßige Check-ins mit Ihrem professionellen Support ein, um Ihre Fortschritte zu verfolgen, neue Herausforderungen anzugehen und Ihre Ziele nach Bedarf anzupassen.

4. Üben Sie Selbstreflexion: Reflektieren Sie regelmäßig Ihre Erfahrungen und Fortschritte. Selbstreflexion hilft Ihnen, Einblicke in Ihre Reise zu gewinnen und Bereiche für weitere Verbesserungen zu erkennen.

5. Suchen Sie nach zusätzlichen Ressourcen: Entdecken Sie neben professioneller Hilfe auch zusätzliche Ressourcen wie Bücher, Workshops und Online-Kurse, die Ihr Wachstum und Ihre Entwicklung ergänzen können.

Kombination von familiärer Unterstützung und professioneller Hilfe

Für viele ist das ideale Unterstützungssystem eine Kombination aus familiärer Unterstützung und professioneller Hilfe. Die Familie bietet die emotionale und praktische Unterstützung, die auf persönlichen Beziehungen basiert, während Fachleute Fachwissen und Anleitung bieten. Hier einige Tipps, wie Sie diese Unterstützungsquellen effektiv kombinieren können:

1. Support-Systeme integrieren: Kommunizieren Sie sowohl mit Ihrer Familie als auch mit Ihrer professionellen Unterstützung über Ihre Ziele und Herausforderungen. Diese Integration stellt sicher, dass alle Beteiligten sich Ihrer Bedürfnisse bewusst sind und zusammenhängende Unterstützung leisten können.

2. *Balance zwischen emotionaler und praktischer Unterstützung:* Nutzen Sie Ihre Familie für emotionale Unterstützung und alltägliche praktische Hilfe, während Sie sich auf Fachleute verlassen, die spezielle Ratschläge und Strategien erhalten.

3. *Familienbeteiligung fördern:* Beziehen Sie gegebenenfalls Ihre Familie mit Ihrer professionellen Unterstützung in die Sitzungen ein. Dies kann ihnen Einblicke in Ihre Herausforderungen geben und ihnen helfen, zu verstehen, wie sie Sie besser unterstützen können.

4. *Erstellen Sie ein Support-Netzwerk:* Bauen Sie ein Netzwerk zur Unterstützung auf, das sowohl Familienmitglieder als auch Fachkräfte einbezieht. Dieses Netzwerk bietet vielfältige Perspektiven und umfassende Hilfestellungen.

5. *Grenzen wahren:* Stellen Sie sicher, dass Sie sowohl mit Ihrer Familie als auch mit Ihrer beruflichen Unterstützung gesunde Grenzen wahren. Dieses Gleichgewicht ermöglicht es Ihnen, die Vorteile beider zu nutzen, ohne sich überfordert oder abhängig zu fühlen.

Abschluss

Der Aufbau eines robusten Unterstützungssystems ist ein entscheidender Schritt, um Ihr Leben von den Anforderungen der Arbeit zu befreien. Indem Sie sich auf die Unterstützung Ihrer Familie verlassen und bei Bedarf professionelle Hilfe in Anspruch nehmen, schaffen Sie eine Grundlage für Stärke, Belastbarkeit und Führung. Dieses duale Unterstützungssystem kann Ihnen die emotionale, praktische und fachliche Unterstützung bieten, die Sie für ein ausgeglichenes und erfülltes Leben benötigen.

Denken Sie daran, dass Sie diese Reise nicht alleine bewältigen müssen. Nehmen Sie die Unterstützung an, die Ihnen zur Verfügung steht, sei es von Familienmitgliedern, die Sie lieben und verstehen, oder von Fachleuten, die Ihnen fachkundige Beratung bieten. Zusammen können diese Unterstützungsquellen Ihnen helfen, Herausforderungen zu meistern, Ihre Ziele zu erreichen und Ihr Leben vom Druck der Arbeit zu befreien. Durch den Aufbau und die Pflege Ihres Unterstützungssystems schaffen Sie ein leistungsstarkes Netzwerk, das es Ihnen ermöglicht, erfolgreich zu sein und ein ausgeglicheneres, freudigeres Leben zu führen.

Reflexionsfragen: Die Bedeutung der Gemeinschaft

1. Wie definieren Sie Gemeinschaft in Ihrem Leben?

Denken Sie an die Gruppen von Menschen, die Ihnen das Gefühl geben, unterstützt und verstanden zu werden. Wie tragen sie zu Ihrem Zugehörigkeitsgefühl bei?

2. Welche Eigenschaften schätzen Sie in einer unterstützenden Gemeinschaft am meisten?

Identifizieren Sie die Eigenschaften, die Ihnen in einer Gemeinschaft am wichtigsten sind, wie z. B. Vertrauen, Empathie oder gemeinsame Interessen.

3. Welchen Beitrag leisten Sie derzeit zu Ihrer Community?

Überlegen Sie, wie Sie anderen in Ihrer Gemeinschaft etwas zurückgeben oder unterstützen. Wie stärkt dieses Engagement Ihr Verbundenheitsgefühl?

Transformative Übungen:

1. Community-Mapping-Übung:

Erstellen Sie eine visuelle Karte Ihrer Gemeinschaft, einschließlich verschiedener Gruppen oder Einzelpersonen, die Sie in verschiedenen Bereichen Ihres Lebens unterstützen (z. B. Arbeit, Hobbys, Nachbarschaft). Identifizieren Sie etwaige Lücken und überlegen Sie, wie Sie diese schließen könnten.

2. Treten Sie einer neuen Gruppe bei:

Wählen Sie eine Community-Gruppe oder Organisation, die Ihren Interessen oder Werten entspricht. Nehmen Sie an einem Meeting oder einer Veranstaltung teil, um herauszufinden, wie diese neue Gruppe Ihr Support-Netzwerk erweitern kann.

Reflexionsfragen: Finden Sie Ihren Stamm: Freunde und Mentoren

1. Wer sind die wichtigsten Freunde und Mentoren in Ihrem Leben?

Listen Sie die Menschen auf, die Ihnen emotionale Unterstützung, Anleitung und Inspiration bieten. Denken Sie darüber nach, wie sie Ihr persönliches und berufliches Wachstum beeinflusst haben.

2. Welche Eigenschaften suchen Sie bei einem Freund oder Mentor?

Berücksichtigen Sie die Eigenschaften, die Ihnen wichtig sind, wie z. B. Vertrauenswürdigkeit, Empathie, Erfahrung oder gemeinsame Werte.

3. Wie haben Sie Ihre Freunde und Mentoren in schwierigen Zeiten unterstützt?

Erinnern Sie sich an bestimmte Fälle, in denen ihre Unterstützung einen erheblichen Unterschied in Ihrem Leben gemacht hat. Wie hat Ihnen ihr Engagement dabei geholfen, diese Herausforderungen zu meistern?

4. Wie unterstützen Sie im Gegenzug Ihre Freunde und Mentoren?

Denken Sie darüber nach, wie Sie zu diesen Beziehungen beitragen. Wie zeigen Sie Wertschätzung, leisten Unterstützung und pflegen diese Verbindungen?

Transformative Übungen:

1. Netzwerkerweiterungsplan:

Erstellen Sie einen Plan zur Erweiterung Ihres Netzwerks, indem Sie bestimmte Gruppen, Veranstaltungen oder Personen identifizieren, mit denen Sie in Kontakt treten möchten. Setzen Sie sich realistische Ziele für die Kontaktaufnahme und den Aufbau neuer Beziehungen.

2. Mentoring-Anfrage:

Identifizieren Sie einen potenziellen Mentor in Ihrem Fachgebiet oder Interessengebiet. Wenden Sie sich mit einer durchdachten Bitte um Mentoring an sie und erklären Sie, warum Sie ihre Arbeit bewundern und wie Sie hoffen, dass sie Sie unterstützen können.

3. Support-Austausch:

Vereinbaren Sie einen Austausch zur gegenseitigen Unterstützung mit einem Freund oder Mentor. Bieten Sie Ihre Fähigkeiten oder Ihre Hilfe in einem Bereich an, in dem sie Hilfe benötigen, und bitten Sie sie im Gegenzug um Unterstützung. Diese Übung fördert Gegenseitigkeit und tiefere Verbindungen.

4. Dankesbriefe:

Schreiben Sie Dankesbriefe an Ihre Freunde und Mentoren, in denen Sie Ihre Wertschätzung für deren Unterstützung und Einfluss zum Ausdruck bringen. Übermitteln Sie diese Briefe persönlich oder per E-Mail und bemerken Sie, welche positiven Auswirkungen sie auf Ihre Beziehungen haben.

Reflexionsfragen: Sich auf die Unterstützung der Familie stützen

1. Wie hat Ihre Familie Sie in der Vergangenheit unterstützt?

Denken Sie über bestimmte Fälle nach, in denen Familienmitglieder emotionale, praktische oder finanzielle Unterstützung geleistet haben. Wie hat Ihnen ihr Engagement geholfen?

2. Mit welchen Herausforderungen waren Sie konfrontiert, als Sie Ihrer Familie Ihre Bedürfnisse mitteilen wollten?

Berücksichtigen Sie etwaige Schwierigkeiten, die Ihnen beim Ausdruck Ihrer Bedürfnisse und der Suche nach Unterstützung durch Familienangehörige aufgefallen sind. Wie können Sie diese Kommunikation verbessern?

3. Welche Grenzen müssen Sie mit Ihrer Familie setzen, um ein gesundes Unterstützungssystem zu gewährleisten?

Identifizieren Sie alle Bereiche, in denen Sie Grenzen setzen müssen, um eine ausgewogene und gesunde Beziehung zu Ihrer Familie aufrechtzuerhalten.

4. Wie können Sie Wertschätzung für die Unterstützung Ihrer Familie zeigen?

Denken Sie darüber nach, wie Sie Dankbarkeit und Wertschätzung für die Unterstützung Ihrer Familie zum Ausdruck bringen können. Wie können Sie diese Bindungen durch Anerkennung und Gegenleistung stärken?

Transformative Übungen:

1. Familientreffen:

Organisieren Sie ein Familientreffen, um Ihre Work-Life-Balance-Ziele und die Unterstützung, die Sie benötigen, zu besprechen. Nutzen Sie diese Zeit, um Ihre Bedürfnisse zu kommunizieren, Grenzen zu setzen und einen Plan für gegenseitige Unterstützung zu entwickeln.

2. Gemeinsame Aktivitäten:

Planen Sie eine regelmäßige Familienaktivität, die Gelegenheit zur Bindung und Entspannung bietet. Dies kann ein wöchentlicher Spieleabend, ein monatlicher Ausflug oder ein täglicher gemeinsamer Spaziergang sein.

Reflexionsfragen: Professionelle Hilfe: Wann und wie man sie sucht

1. Welche Anzeichen deuten darauf hin, dass Sie möglicherweise professionelle Hilfe benötigen?

Denken Sie über anhaltende Herausforderungen oder Symptome nach, die darauf hindeuten, dass Sie von professioneller Unterstützung profitieren könnten. Wie wirken sich diese Probleme auf Ihr tägliches Leben und Ihr Wohlbefinden aus?

2. Welche Art professioneller Hilfe benötigen Sie?

Berücksichtigen Sie die spezifischen Bereiche, in denen Sie Unterstützung benötigen, z. B. psychische Gesundheit, Karriereentwicklung, Finanzplanung oder Gesundheit und Wohlbefinden. Welche Art von Fachkraft kann diese Bedürfnisse am besten erfüllen?

3. Was halten Sie davon, professionelle Hilfe in Anspruch zu nehmen?

Denken Sie über etwaige Vorbehalte oder Ängste nach, die Sie gegenüber der Suche nach professioneller Unterstützung haben. Welche Überzeugungen oder Erfahrungen tragen zu diesen Gefühlen bei?

4. Welche Vorteile bietet es, professionelle Hilfe in Anspruch zu nehmen?

Berücksichtigen Sie die möglichen positiven Ergebnisse der Zusammenarbeit mit einem Fachmann. Wie können ihr Fachwissen und ihre Anleitung Ihnen helfen, Ihre Ziele zu erreichen und Ihr Wohlbefinden zu verbessern?

Transformative Übungen:

1. Recherche und Auswahlliste:

Informieren Sie sich über verschiedene Fachleute in Ihrem Bereich oder Interessengebiet, z. B. Therapeuten, Coaches oder Berater. Erstellen Sie eine Auswahlliste potenzieller Kandidaten und notieren Sie deren Qualifikationen, Erfahrungen und Bewertungen.

2. Erstberatung:

Vereinbaren Sie ein erstes Beratungsgespräch mit einem Fachmann aus Ihrer engeren Auswahl. Nutzen Sie dieses Treffen, um Ihre Bedürfnisse zu besprechen, Fragen zu stellen und zu beurteilen, ob sie zu Ihnen passen.

3. Professionelles Support-Tagebuch:

Führen Sie ein Tagebuch, um Ihre Erfahrungen und Fortschritte bei der Zusammenarbeit mit einem Fachmann zu dokumentieren. Denken Sie über die gewonnenen

Erkenntnisse, gelernten Strategien und etwaige Veränderungen in Ihrem Wohlbefinden nach.

4. Verpflichtungsvertrag:

Schreiben Sie einen Verpflichtungsvertrag mit sich selbst, um sich aktiv an der Suche nach professioneller Hilfe zu beteiligen. Beschreiben Sie Ihre Ziele, die Schritte, die Sie unternehmen werden, und einen Zeitplan für die Suche nach Unterstützung.

KAPITEL SIEBEN.
FLEXIBILITÄT BEI DER ARBEIT.

In unserer modernen Welt ist Flexibilität am Arbeitsplatz zu einem entscheidenden Faktor für eine gesunde Work-Life-Balance geworden. Während wir uns durch verschiedene berufliche Rollen und persönliche Verpflichtungen bewegen, kann die Fähigkeit, unser Arbeitsumfeld anzupassen und zu verwalten, unser Wohlbefinden und unsere Produktivität erheblich steigern. In diesem Kapitel erfahren Sie, wie Sie die Remote-Arbeit optimal nutzen und effektiv über bessere Arbeitsbedingungen verhandeln können. Diese Strategien werden Ihnen dabei helfen, ein flexibleres, ausgeglicheneres und erfülteres Arbeitsleben zu gestalten.

FERNARBEIT: TIPPS UND TRICKS.

Remote-Arbeit, einst eine Neuheit, ist für viele von uns mittlerweile zu einem festen Bestandteil geworden. Unabhängig davon, ob Sie Vollzeit von zu Hause aus arbeiten oder ein Hybridmodell einführen, kann die Beherrschung der Remote-Arbeit zu mehr Flexibilität und Effizienz führen. Hier sind einige Tipps und Tricks, die Ihnen helfen, in einer Remote-Arbeitsumgebung erfolgreich zu sein.

1. Erstellen Sie einen dedizierten Arbeitsbereich:

Eine der größten Herausforderungen bei der Fernarbeit besteht darin, Ihr Arbeitsleben von Ihrem Privatleben zu trennen. Die Schaffung eines eigenen Arbeitsbereichs kann Ihnen dabei helfen, Grenzen zu setzen und den Fokus aufrechtzuerhalten.

- ***Wählen Sie den richtigen Ort:*** Suchen Sie sich in Ihrem Zuhause einen ruhigen, gut beleuchteten Bereich aus, in dem Sie ungestört arbeiten können. Idealerweise sollte dies ein Raum sein, den Sie am Ende des Arbeitstages verlassen können, um sich gedanklich auszuruhen.

- ***Ergonomie ist wichtig:*** Investieren Sie in einen bequemen Stuhl und eine passende Schreibtischeinrichtung. Ihr körperliches Wohlbefinden kann einen großen Einfluss auf Ihre Produktivität und Gesundheit haben.

- ***Personalisieren Sie Ihren Raum:*** Gestalten Sie Ihren Arbeitsplatz einladend und inspirierend. Machen Sie es zu einem Raum, in dem Sie sich gerne aufhalten, indem Sie persönliche Akzente wie Bilder, Pflanzen oder Kunstwerke hinzufügen.

2. Richten Sie eine Routine ein:

Eine konsistente Routine kann Ihnen helfen, organisiert und konzentriert zu bleiben, auch wenn Sie aus der Ferne arbeiten.

- ***Regelmäßige Öffnungszeiten festlegen:*** Versuchen Sie, Ihren Arbeitstag jeden Tag zur gleichen Zeit zu beginnen und zu beenden. Diese Konsistenz kann Ihnen dabei helfen, die Work-Life-Balance aufrechtzuerhalten.

- ***Morgenrituale:*** Beginnen Sie Ihren Tag mit einer Routine, die Sie auf die Arbeit vorbereitet. Dazu kann ein morgendliches Training, eine Meditation oder eine Tasse Kaffee gehören, während Sie die Aufgaben Ihres Tages Revue passieren lassen.

- ***Pausen machen:*** Planen Sie regelmäßige Pausen ein, um sich zu dehnen, herumzulaufen und neue Energie zu tanken. Kurze Pausen können die Produktivität steigern und einem Burnout vorbeugen.

3. Effektiv kommunizieren:

Eine erfolgreiche Remote-Arbeit erfordert regelmäßige und transparente Kommunikation. Wenn Sie mit Ihrem Team und Ihrem Vorgesetzten in Kontakt bleiben, können Missverständnisse vermieden und die Zusammenarbeit gefördert werden.

- ***Verwenden Sie die richtigen Werkzeuge:*** Nutzen Sie Kommunikationstools wie Slack, Microsoft Teams oder Zoom, um in Verbindung zu bleiben. Wählen Sie die Plattform, die für Ihr Team am besten geeignet ist, und bleiben Sie dabei.

- ***Regelmäßige Check-ins:*** Planen Sie regelmäßige Check-ins mit Ihrem Vorgesetzten und Ihrem Team, um Fortschritte, Herausforderungen und anstehende Aufgaben zu besprechen. Diese Treffen können dazu beitragen, dass alle auf dem gleichen Stand bleiben.

- **Sei proaktiv:** Warten Sie nicht darauf, dass andere sich an Sie wenden. Wenn Sie Hilfe benötigen oder Fragen haben, kommunizieren Sie proaktiv, um einen reibungslosen Ablauf zu gewährleisten.

4. Bleiben Sie organisiert:

Bei der Fernarbeit ist es von entscheidender Bedeutung, organisiert zu bleiben. Mit den richtigen Tools und Strategien können Sie Ihre Aufgaben und Verantwortlichkeiten effizient verwalten.

- **Aufgabenverwaltungstools:** Verwenden Sie Tools wie Trello, Asana oder Monday.com, um den Überblick über Ihre Aufgaben und Fristen zu behalten. Diese Plattformen können Ihnen dabei helfen, Ihre Arbeit zu priorisieren und mit Ihrem Team zusammenzuarbeiten.

- **Zeitmanagementtechniken:** Techniken wie die Pomodoro-Technik (im vorherigen Kapitel besprochen) können Ihnen dabei helfen, Ihre Zeit effektiv zu verwalten und sich auf Ihre Aufgaben zu konzentrieren.

- **Regelmäßig aufräumen:** Ein unaufgeräumter Arbeitsplatz kann zu einem unaufgeräumten Geist führen. Nehmen Sie sich jeden Tag ein paar Minuten Zeit, um Ihren Arbeitsplatz aufzuräumen und Ihre Materialien zu organisieren.

5. Sorgen Sie für eine ausgewogene Work-Life-Balance:

Remote-Arbeit kann die Grenzen zwischen Ihrem Geschäfts- und Privatleben verwischen. Um ein Burnout zu vermeiden, achten Sie auf eine gute Balance.

- *Grenzen setzen:* Legen Sie klare Grenzen zwischen Ihrer Arbeit und Ihrem Privatleben fest. Um Störungen und Ablenkungen zu vermeiden, teilen Sie diese Grenzen Ihrer Familie oder Ihren Mitbewohnern mit.

- *Nach der Arbeit den Netzstecker ziehen:* Wenn Ihr Arbeitstag vorbei ist, versuchen Sie bewusst, den Netzstecker zu ziehen. Schalten Sie Arbeitsbenachrichtigungen aus und konzentrieren Sie sich auf persönliche Aktivitäten oder Hobbys.

- *Priorisieren Sie die Selbstfürsorge:* Nehmen Sie sich Zeit für Selbstpflegeaktivitäten, die Ihnen helfen, sich zu entspannen und neue Energie zu tanken. Dazu können Aktivitäten wie Bewegung, Lesen oder das Verbringen von Zeit mit Ihren Lieben gehören.

VERHANDLUNGEN FÜR BESSERE ARBEITSBEDINGUNGEN.

Verhandlungen über bessere Arbeitsbedingungen sind für die Schaffung eines flexiblen und unterstützenden Arbeitsumfelds von entscheidender Bedeutung. Ganz gleich, ob Sie Ihre Arbeitszeiten anpassen, die Zahl Ihrer Remote-Arbeitstage verlängern oder Ihre allgemeinen Arbeitsbedingungen verbessern möchten – effektives Verhandlungsgeschick kann Ihnen dabei helfen, Ihre Ziele zu erreichen.

1. Kennen Sie Ihre Bedürfnisse und Prioritäten:

Bevor Sie eine Verhandlung beginnen, ist es wichtig, Ihre Bedürfnisse und Prioritäten klar zu verstehen. Überlegen Sie, welche Veränderungen Ihre Work-Life-Balance und Arbeitszufriedenheit am meisten verbessern würden.

- *Identifizieren Sie Schlüsselbereiche:* Berücksichtigen Sie Aspekte wie flexible Arbeitszeiten, Fernarbeitsmöglichkeiten, Möglichkeiten zur beruflichen Weiterentwicklung und Verbesserungen der Arbeitsumgebung.

- *Ordnen Sie Ihre Prioritäten:* Bestimmen Sie, welche Bereiche für Sie am wichtigsten sind und bei welchen Sie bereit sind, Kompromisse einzugehen. Diese Klarheit ermöglicht es Ihnen, effizienter zu verhandeln.

2. Recherchieren und vorbereiten:

Vorbereitung ist der Schlüssel zu einer erfolgreichen Verhandlung. Sammeln Sie Informationen und Daten, um Ihre Anfragen zu unterstützen und die Vorteile der vorgeschlagenen Änderungen aufzuzeigen.

- **_Standards der Forschungsindustrie:_** Schauen Sie sich an, was andere Unternehmen in Ihrer Branche anbieten. Dies kann einen Maßstab liefern und Ihre Argumente stärken.

- **_Dokumentieren Sie Ihre Erfolge:_** Stellen Sie Nachweise über Ihre Beiträge und Erfolge zusammen. Ermitteln Sie, wie sich Ihre Leistung positiv auf das Unternehmen ausgewirkt hat.

- **_Einwände antizipieren:_** Denken Sie über mögliche Einwände Ihres Arbeitgebers nach und bereiten Sie Gegenargumente vor. Diese Vorbereitung wird Ihnen helfen, Bedenken selbstbewusst anzugehen.

3. Bauen Sie ein starkes Argument auf:

Um überzeugende Argumente für Ihre gewünschten Arbeitsbedingungen vorzulegen, müssen Sie Ihre Forderungen so formulieren, dass die gegenseitigen Vorteile für Sie und Ihren Arbeitgeber hervorgehoben werden.

- **_Fokus auf Vorteile:_** Betonen Sie, wie die vorgeschlagenen Änderungen dem Unternehmen zugute kommen, z. B. eine höhere Produktivität, weniger Fehlzeiten oder eine verbesserte Arbeitsmoral der Mitarbeiter.

- **_Daten bereitstellen:_** Nutzen Sie Daten und Beispiele, um Ihren Fall zu untermauern. Wenn Sie beispielsweise flexible Arbeitszeiten wünschen, legen Sie Studien vor, die zeigen, wie flexible Arbeitsvereinbarungen die Produktivität steigern können.

- **Heben Sie Ihren Wert hervor:** Erinnern Sie Ihren Arbeitgeber an Ihre Beiträge und den Wert, den Sie für die Organisation bringen. Erkennen Sie Ihr Engagement an, unter den neuen Bedingungen eine hohe Leistung aufrechtzuerhalten.

4. Wählen Sie den richtigen Zeitpunkt und Ansatz:

Timing und Herangehensweise können einen großen Einfluss auf das Ergebnis Ihrer Verhandlung haben. Wählen Sie einen Zeitpunkt, an dem Ihr Arbeitgeber wahrscheinlich aufgeschlossen ist, und gehen Sie das Gespräch professionell an.

- **Ein Treffen planen:** Fordern Sie ein spezielles Treffen an, um Ihre Arbeitsbedingungen zu besprechen. Das zeigt, dass Sie es ernst meinen und ermöglicht ein konzentriertes Gespräch.

- **Sei professionell:** Gehen Sie mit einer positiven und professionellen Einstellung an die Verhandlung heran. Vermeiden Sie es, Forderungen zu stellen und präsentieren Sie Ihre Wünsche stattdessen als für beide Seiten vorteilhafte Vorschläge.

- **Bleiben Sie ruhig und gelassen:** Verhandlungen können stressig sein, aber es ist wichtig, ruhig und gelassen zu bleiben. Hören Sie aktiv zu, antworten Sie nachdenklich und bewahren Sie einen respektvollen Ton.

5. Seien Sie offen für Kompromisse:

Bei Verhandlungen geht es oft darum, einen Mittelweg zu finden. Seien Sie kompromissbereit und bereit, Ihre Wünsche anzupassen, um eine für beide Seiten zufriedenstellende Einigung zu erzielen.

- **Flexibilität priorisieren:** Es ist zwar wichtig, sich für Ihre Bedürfnisse einzusetzen, aber seien Sie flexibel und bereit, alternative Lösungen in Betracht zu ziehen. Ihr Arbeitgeber hat möglicherweise Einschränkungen, die Kompromisse erfordern.

- **Entdecken Sie Win-Win-Lösungen:** Suchen Sie nach Lösungen, von denen sowohl Sie als auch Ihr Arbeitgeber profitieren. Wenn beispielsweise Vollzeit-Fernarbeit nicht möglich ist, schlagen Sie ein Hybridmodell vor, das Büro- und Fernarbeit in Einklang bringt.

- **Bleib positiv:** Behalten Sie während des gesamten Verhandlungsprozesses eine positive Einstellung bei. Auch wenn Sie nicht alles bekommen, was Sie verlangt haben, kann der Nachweis von Flexibilität und Kooperation zu zukünftigen Verhandlungsmöglichkeiten führen.

6. Nachverfolgung und Bewertung:

Nachdem eine Einigung erzielt wurde, ist es wichtig, die Wirksamkeit der neuen Arbeitsbedingungen zu verfolgen und zu bewerten. Regelmäßige Check-ins können dazu beitragen, sicherzustellen, dass beide Parteien zufrieden sind und eventuell auftretende Probleme gelöst werden.

- *Setzen Sie klare Erwartungen:* Stellen Sie sicher, dass sowohl Sie als auch Ihr Arbeitgeber ein klares Verständnis der vereinbarten Änderungen haben. Dokumentieren Sie die Konditionen bei Bedarf schriftlich.

- *Regelmäßige Check-Ins:* Planen Sie regelmäßige Check-ins mit Ihrem Vorgesetzten ein, um zu besprechen, wie sich die neuen Arbeitsbedingungen auswirken. Nutzen Sie diese Treffen, um Feedback zu geben und etwaige Bedenken anzusprechen.

- *Bewerten und anpassen:* Bewerten Sie kontinuierlich die Wirksamkeit der neuen Arbeitsbedingungen. Wenn Anpassungen erforderlich sind, wenden Sie sich mit konstruktivem Feedback und Verbesserungsvorschlägen an Ihren Arbeitgeber.

Kombination von Fernarbeit und Verhandlungsgeschick.

Um ein möglichst flexibles und unterstützendes Arbeitsumfeld zu schaffen, sollten Sie die Tipps und Tricks für Remote-Arbeit mit Ihrem Verhandlungsgeschick kombinieren. Auf diese Weise können Sie Ihre Remote-Arbeitserfahrung verbessern und bessere Arbeitsbedingungen gewährleisten, die Ihr allgemeines Wohlbefinden fördern.

1. Befürworter von Fernarbeitsoptionen:

Wenn Sie derzeit nicht remote arbeiten oder die Zahl Ihrer Remote-Arbeitstage verlängern möchten, setzen Sie sich mit Ihrem Verhandlungsgeschick für diese Änderung ein. Präsentieren Sie die Vorteile der Fernarbeit für Sie und das Unternehmen und liefern Sie Daten zur Untermauerung Ihres Anliegens.

- **Produktivitätssteigerungen hervorheben:** Betonen Sie, wie Remote-Arbeit zu höherer Produktivität, kürzerer Pendelzeit und geringerem Stressniveau führen kann.

- **Präsentieren Sie Erfolgsgeschichten:** Teilen Sie Beispiele anderer Unternehmen oder Teams, die Remote-Arbeitsvereinbarungen erfolgreich umgesetzt haben. Heben Sie die positiven Ergebnisse hervor, die sie erlebt haben.

- **Schlagen Sie eine Probezeit vor:** Wenn Ihr Arbeitgeber zögert, schlagen Sie eine Probezeit für die Fernarbeit vor. Dadurch können beide Parteien die Vereinbarung bewerten und bei Bedarf Anpassungen vornehmen.

2. Flexible Arbeitszeiten aushandeln:

Flexible Arbeitszeiten können Ihre Work-Life-Balance erheblich verbessern, da sie es Ihnen ermöglichen, in Ihren produktivsten Zeiten zu arbeiten und persönliche Verpflichtungen zu berücksichtigen. Nutzen Sie Ihr Verhandlungsgeschick, um flexible Arbeitszeiten anzufordern, die Ihren Bedürfnissen entsprechen.

- ***Präsentieren Sie die Vorteile:*** Erklären Sie, wie flexible Arbeitszeiten Ihre Produktivität steigern, Burnout reduzieren und Ihre allgemeine Arbeitszufriedenheit steigern können.

- ***Angebotslösungen:*** Schlagen Sie spezifische Lösungen vor, z. B. eine flexible Start- und Endzeit, komprimierte Arbeitswochen oder gestaffelte Arbeitszeiten. Seien Sie darauf vorbereitet, zu besprechen, wie diese Änderungen umgesetzt werden können, ohne den Geschäftsbetrieb zu beeinträchtigen.

- ***Stellen Sie einen Plan bereit:*** Legen Sie einen detaillierten Plan vor, wie Sie Ihre Arbeitsbelastung verwalten und mit Ihrem Team in Kontakt bleiben, während Sie flexible Arbeitszeiten haben.

3. Verbessern Sie Ihre Remote-Arbeitsumgebung:

Wenn Sie bereits remote arbeiten, nutzen Sie Ihr Verhandlungsgeschick, um Ihre Remote-Arbeitsumgebung zu verbessern. Dies könnte bedeuten, dass Sie bessere Tools, Technologie oder Unterstützung anfordern, um Ihre Produktivität und Ihren Komfort bei der Arbeit von zu Hause aus zu verbessern.

- ***Notwendige Ausrüstung anfordern:*** Wenn Sie spezielle Geräte oder Technologien zur Verbesserung Ihrer Remote-Arbeit benötigen, begründen Sie, warum diese Elemente unerlässlich sind. Dazu können ergonomische Möbel, verbesserte Computerhardware oder Softwareabonnements gehören.

- ***Schlagen Sie Schulungsmöglichkeiten vor:*** Schlagen Sie Möglichkeiten zur beruflichen Weiterentwicklung vor, die Ihnen und Ihrem Team dabei helfen können, in einer Remote-Umgebung effektiver zu arbeiten. Dazu können Schulungen zu Kollaborationstools, Zeitmanagement oder Remote-Führung gehören.

- ***Suchen Sie nach Supportressourcen:*** Wenn Sie mit Aspekten der Remote-Arbeit zu kämpfen haben, wie etwa Isolation oder Work-Life-Grenzen, fordern Sie Zugang zu Supportressourcen an. Dazu können virtuelle Wellness-Programme, Beratungsdienste oder Peer-Support-Gruppen gehören.

4. Fördern Sie eine Remote-Arbeitskultur:

Der Aufbau einer unterstützenden Remote-Arbeitskultur kann Ihr Gesamterlebnis verbessern und den Teamzusammenhalt verbessern. Nutzen Sie Ihr Verhandlungsgeschick, um sich für Initiativen einzusetzen, die ein positives Remote-Arbeitsumfeld fördern.

- ***Fördern Sie regelmäßige Kommunikation:***
Schlagen Sie regelmäßige virtuelle Teambesprechungen,
Check-ins und gesellschaftliche Veranstaltungen vor, um
eine starke Kommunikation und einen starken
Teamgeist aufrechtzuerhalten.

- ***Flexibilität fördern:*** Setzen Sie sich für eine Kultur
ein, die Flexibilität schätzt und darauf vertraut, dass die
Mitarbeiter ihre Zeit effektiv verwalten. Dazu können
flexible Arbeitszeiten, asynchrone Kommunikation und
ein ergebnisorientierter Ansatz gehören.

- ***Unterstützen Sie die psychische Gesundheit:***
Schlagen Sie Initiativen vor, die die psychische
Gesundheit und das Wohlbefinden unterstützen, wie
zum Beispiel virtuelle Achtsamkeitssitzungen, Wellness-
Challenges oder Tage der psychischen Gesundheit.

Beispiele aus der Praxis für erfolgreiche Remote-Arbeit und Verhandlungen.

Um die Wirksamkeit dieser Strategien zu veranschaulichen,
betrachten wir einige Beispiele aus der Praxis von Personen, die
erfolgreich bessere Bedingungen für die Fernarbeit
ausgehandelt haben:

1. Lilians flexible Arbeitszeiten.

Lilian, eine Marketingmanagerin, stellte fest, dass ihre
Produktivität am frühen Morgen und am späten Nachmittag

ihren Höhepunkt erreichte. Sie verhandelte mit ihrem Arbeitgeber über eine Anpassung ihrer Arbeitszeiten, sodass sie früher beginnen und beenden konnte als nach dem traditionellen 9-bis-5-Zeitplan. Durch die Präsentation von Daten zu ihren Produktivitätsmustern und die Hervorhebung, wie sich die Veränderung auf ihre Work-Life-Balance auswirken würde, sicherte sich Lilian flexible Arbeitszeiten, die ihre Leistung und ihr Wohlbefinden steigerten.

2. James' Remote-Work-Setup.

James, ein Softwareentwickler, hatte aufgrund seines Homeoffice-Aufbaus mit Rückenschmerzen zu kämpfen. Er legte seinem Arbeitgeber einen Fall für ergonomische Möbel vor, darunter einen Stehschreibtisch und einen ergonomischen Stuhl. Durch die Betonung der gesundheitlichen Vorteile und des Potenzials für eine höhere Produktivität gelang es James, erfolgreich über die notwendige Ausrüstung zu verhandeln, um eine komfortable und effiziente Remote-Arbeitsumgebung zu schaffen.

3. Emmas berufliche Entwicklung.

Emma, eine Projektmanagerin, erkannte den Bedarf an besseren Fähigkeiten zur Remote-Zusammenarbeit in ihrem Team. Sie schlug eine Reihe virtueller Schulungssitzungen zu Tools wie Slack und Asana vor und betonte, wie diese Sitzungen die Teamkommunikation und das Projektmanagement verbessern könnten. Ihr Arbeitgeber stimmte zu und die

Schulungen führten zu reibungsloseren Remote-Abläufen und einem stärkeren Teamzusammenhalt.

4. Carlos' Unterstützung für die psychische Gesundheit.

Carlos, ein Kundendienstmitarbeiter, litt während der Remote-Arbeit unter Stress und Burnout. Er beantragte Zugang zu virtuellen Beratungsdiensten und Wellnessprogrammen des Unternehmens. Durch den Nachweis des Zusammenhangs zwischen der Unterstützung der psychischen Gesundheit und der Mitarbeiterproduktivität konnte Carlos erfolgreich über diese Ressourcen verhandeln und so sein Wohlbefinden und seine Arbeitszufriedenheit verbessern.

Praktische Tipps zur Umsetzung von Remote-Arbeit und Verhandlungsgeschick

Hier sind einige praktische Tipps, die Ihnen bei der Umsetzung von Fernarbeitsstrategien und der Verbesserung Ihres Verhandlungsgeschicks helfen:

1. Dokumentieren Sie Ihre Erfolge:

Halten Sie Ihre Erfolge, Feedback von Kollegen und Leistungskennzahlen fest. Diese Dokumentation kann als Beweis für Ihre Verhandlungsanfragen dienen.

2. Bleiben Sie informiert:

Bleiben Sie über Branchentrends, Best Practices und Unternehmensrichtlinien im Zusammenhang mit Remote-Arbeit auf dem Laufenden. Dieses Wissen kann Ihnen dabei helfen, bei Verhandlungen eine stärkere Argumentation aufzubauen.

3. Feedback einholen:

Holen Sie regelmäßig Feedback von Ihrem Vorgesetzten und Ihren Kollegen zu Ihrer Leistung bei der Remote-Arbeit ein. Nutzen Sie dieses Feedback, um Verbesserungsmöglichkeiten zu identifizieren und Ihre Verhandlungsargumente zu stärken.

4. Soft Skills entwickeln:

Entwickeln Sie Soft Skills wie Kommunikation, Anpassungsfähigkeit und Problemlösung. Diese Fähigkeiten sind sowohl für die Fernarbeit als auch für erfolgreiche Verhandlungen von entscheidender Bedeutung.

5. Treten Sie professionellen Netzwerken bei:

Treten Sie professionellen Netzwerken und Online-Communities zum Thema Fernarbeit und Verhandlungen bei. Diese Netzwerke können wertvolle Erkenntnisse, Ressourcen und Unterstützung bieten.

Abschluss.

Die Schaffung eines flexiblen und unterstützenden Arbeitsumfelds ist für die Aufrechterhaltung einer gesunden Work-Life-Balance und den langfristigen beruflichen Erfolg von entscheidender Bedeutung. Indem Sie Fernarbeitstechniken beherrschen und Ihr Verhandlungsgeschick verbessern, können Sie die Kontrolle über Ihr Arbeitsumfeld übernehmen und Bedingungen schaffen, die Ihr Wohlbefinden und Ihre Produktivität fördern. Denken Sie daran, dass es bei Flexibilität nicht nur darum geht, sich an Veränderungen anzupassen, sondern auch darum, Ihr Arbeitsleben aktiv so zu gestalten, dass es Ihren Bedürfnissen und Zielen entspricht. Mit den richtigen Strategien und einem proaktiven Ansatz können Sie Ihr Leben von der Arbeit zurückgewinnen und eine ausgeglichenere, erfüllendere Karriere genießen.

JOB CRAFTING – DAMIT IHR JOB FÜR SIE FUNKTIONIERT.

In der sich ständig weiterentwickelnden Arbeitswelt von heute hat sich das Konzept des Job Crafting als wirksames Instrument zur Steigerung der Arbeitszufriedenheit, der Produktivität und des allgemeinen Wohlbefindens herausgestellt. Beim Job Crafting geht es darum, proaktive Schritte zu unternehmen, um Ihren Job so umzugestalten, dass er besser zu Ihren Fähigkeiten, Interessen und Werten passt. Es ermöglicht Ihnen, Ihre Rolle so zu gestalten, dass sie Ihren Stärken und Leidenschaften entspricht, wodurch Ihre Arbeit angenehmer und erfüllender wird. Lassen Sie uns untersuchen, wie Sie mit der Jobgestaltung beginnen können, damit Ihr Job für Sie funktioniert.

Job Crafting verstehen.

Beim Job Crafting geht es darum, gezielte Maßnahmen zu ergreifen, um Ihren Job zu gestalten und anzupassen. Es geht darum, kleine, strategische Änderungen an Ihren Aufgaben, Beziehungen und Wahrnehmungen bei der Arbeit vorzunehmen, um eine sinnvollere und zufriedenstellendere Arbeitserfahrung zu schaffen. Job Crafting kann in drei Haupttypen unterteilt werden:

1. Aufgabenerstellung: Ändern des Umfangs, der Reihenfolge oder der Art Ihrer Aufgaben.

2. Relationales Basteln: Ändern der Art oder des Umfangs Ihrer Interaktionen mit anderen.

3. Kognitives Basteln: Ändern Sie die Art und Weise, wie Sie Ihren Job wahrnehmen, um mehr Sinn in dem zu finden, was Sie tun.

Durch die Beschäftigung mit Job Crafting können Sie Ihren Job in einen Job verwandeln, der nicht nur Ihren beruflichen Bedürfnissen entspricht, sondern auch Ihr persönliches Wachstum und Ihr Glück fördert.

Aufgabenerstellung: Gestalten Sie Ihre Verantwortlichkeiten.

Beim Task Crafting geht es darum, Ihre beruflichen Verantwortlichkeiten so zu modifizieren, dass sie besser zu Ihren Stärken und Interessen passen. So können Sie mit der Aufgabenerstellung beginnen:

Identifizieren Sie Kern- und Peripherieaufgaben:

Beginnen Sie mit der Auflistung aller Aufgaben, die Sie in Ihrem Job ausführen. Unterteilen Sie sie in Kernaufgaben (wesentliche Aufgaben) und Randaufgaben (zusätzliche Verantwortlichkeiten). Finden Sie heraus, welche Aufgaben Ihnen Energie geben und welche Sie belasten.

- ***Verbessern Sie unterhaltsame Aufgaben:*** Suchen Sie nach Möglichkeiten, mehr Zeit für Aufgaben aufzuwenden, die Ihnen Spaß machen und in denen Sie gut sind. Wenn Sie beispielsweise gerne Präsentationen erstellen, übernehmen Sie freiwillig mehr davon.

- ***Entleerungsaufgaben minimieren:*** Finden Sie Möglichkeiten, Aufgaben, die Ihnen Energie rauben, zu reduzieren, zu delegieren oder zu rationalisieren. Schlagen Sie nach Möglichkeit Prozessverbesserungen oder Automatisierung für diese Aufgaben vor.

Neue Aufgaben vorstellen:

Erwägen Sie die Einführung neuer Aufgaben, die Ihren Interessen und Karrierezielen entsprechen. Dazu kann es gehören, Projekte oder Initiativen vorzuschlagen, die Ihre einzigartigen Fähigkeiten nutzen.

- ***Projekte vorschlagen:*** Schlagen Sie Projekte vor, die Ihnen am Herzen liegen und die Ihrem Team oder Ihrer Organisation einen Mehrwert bieten. Wenn Ihnen beispielsweise Nachhaltigkeit am Herzen liegt, schlagen Sie eine grüne Initiative vor.

- ***Suchen Sie nach Möglichkeiten zur Kompetenzentwicklung:*** Helfen Sie ehrenamtlich für Aufgaben, die Ihnen dabei helfen, neue Fähigkeiten zu entwickeln oder Ihr Fachwissen zu erweitern. Das bereichert nicht nur Ihren Job, sondern verbessert auch Ihre Karriereaussichten.

Bestehende Aufgaben neu gestalten:

Manchmal kann eine einfache Änderung der Art und Weise, wie Sie an Ihre Aufgaben herangehen oder über sie denken, einen erheblichen Unterschied machen.

- ***Bedeutung finden:*** Denken Sie darüber nach, wie Ihre Aufgaben zu den größeren Zielen Ihrer Organisation beitragen. Wenn Sie die Auswirkungen Ihrer Arbeit verstehen, können Sie Ihre Zielstrebigkeit und Motivation steigern.

- ***Innovation:*** Suchen Sie nach kreativen Möglichkeiten, Routineaufgaben anzugehen. Das Experimentieren mit neuen Methoden oder Werkzeugen kann Ihre Arbeit interessanter und effizienter machen.

Relational Crafting: Arbeitsbeziehungen verbessern

Beim Beziehungsaufbau geht es darum, Ihre Interaktionen mit Kollegen, Kunden und anderen zu verändern, um Ihre Arbeitserfahrung zu verbessern.

Hier ein paar Tipps, wie das geht:

1. Bauen Sie positive Beziehungen auf:

Starke, positive Beziehungen am Arbeitsplatz können Ihre Arbeitszufriedenheit und Leistung steigern. Konzentrieren Sie sich darauf, diese Verbindungen aufzubauen und zu pflegen.

- *Aktiv vernetzen:* Ergreifen Sie die Initiative, um mit Kollegen aus verschiedenen Abteilungen in Kontakt zu treten. Durch die Vernetzung können Möglichkeiten zur Zusammenarbeit und Unterstützung entstehen.

- *Mentoring:* Finden Sie Mentoren, die Sie beraten und unterstützen können. Ziehen Sie darüber hinaus in Betracht, andere zu betreuen, was sich lohnen und Ihnen beim Aufbau starker Beziehungen helfen kann.

2. Negative Interaktion verwalten:

Negative Interaktionen können Ihr Wohlbefinden erheblich beeinträchtigen. Finden Sie Möglichkeiten, diese Interaktionen zu verwalten oder zu minimieren.

- *Grenzen setzen:* Setzen Sie höflich, aber bestimmt Grenzen gegenüber Kollegen, die Stress oder Negativität erzeugen. Dies kann bedeuten, unnötige Interaktionen einzuschränken oder Probleme direkt anzugehen.

- *Lösung suchen:* Wenn Konflikte auftreten, versuchen Sie, diese konstruktiv zu lösen. Offene Kommunikation und Problemlösung können Beziehungen verbessern und ein positiveres Arbeitsumfeld schaffen.

3. Effektive Zusammenarbeit:

Eine effektive Zusammenarbeit kann Ihre Arbeitszufriedenheit steigern und zu besseren Ergebnissen für Ihr Team führen.

- **Kommunizieren Sie klar:** Eine klare, offene Kommunikation ist der Schlüssel zu einer erfolgreichen Zusammenarbeit. Teilen Sie Ihre Ideen, hören Sie aktiv zu und geben Sie konstruktives Feedback.

- **Stärken nutzen:** Erkennen und nutzen Sie die Stärken Ihrer Kollegen. Durch die Zusammenarbeit kann eine dynamischere und produktivere Teamumgebung geschaffen werden.

Kognitives Basteln: Ändern Sie Ihre Perspektive

Beim kognitiven Crafting geht es darum, die Art und Weise zu ändern, wie Sie Ihre Arbeit wahrnehmen, um sie sinnvoller und befriedigender zu gestalten.

So geht's:

1. Denken Sie über die Wirkung Ihrer Arbeit nach:

Nehmen Sie sich Zeit, darüber nachzudenken, welchen Beitrag Ihre Arbeit zur Organisation und Gesellschaft leistet.

- **Verbinden Sie sich mit dem Gesamtbild:** Verstehen Sie, wie Ihre Rolle in die umfassendere Mission und die Ziele Ihrer Organisation passt. Dies kann Ihre Zielstrebigkeit und Motivation stärken.

- Siege feiern: Erkennen Sie Ihre großen und kleinen Erfolge an und feiern Sie sie. Die Anerkennung Ihrer Beiträge kann Ihre Arbeitsmoral und Arbeitszufriedenheit steigern.

2. Fokus auf Wachstum und Lernen:

Gehen Sie Ihren Job mit einer auf Wachstum und Lernen ausgerichteten Denkweise an.

- Herausforderungen annehmen: Betrachten Sie Herausforderungen als Herausforderungen für Wachstum und Fortschritt. Das Annehmen schwieriger Aufgaben kann Ihnen helfen, neue Fähigkeiten zu entwickeln und Selbstvertrauen zu gewinnen.

- Feedback einholen: Holen Sie regelmäßig Feedback von Kollegen und Vorgesetzten ein. Konstruktives Feedback kann Ihnen helfen, Ihre Karriere zu verbessern und voranzubringen.

3. Übe Dankbarkeit:

Dankbarkeit kann Ihre Arbeitszufriedenheit und Ihr allgemeines Wohlbefinden erheblich steigern.

- Führen Sie ein Dankbarkeitstagebuch: Schreiben Sie regelmäßig Dinge auf, für die Sie bei der Arbeit dankbar sind. Diese Praxis kann Ihren Fokus von negativen auf positive Aspekte verlagern.

- Wertschätzung ausdrücken: Nehmen Sie sich die Zeit, Kollegen zu danken und ihre Beiträge anzuerkennen.

Dankbarkeit auszudrücken kann Beziehungen stärken und ein positives Arbeitsumfeld schaffen.

Beispiele aus der Praxis für Job Crafting

Um die Auswirkungen von Job Crafting zu veranschaulichen, schauen wir uns einige Beispiele aus der Praxis an:

Beispiel 1: Aufgabenerstellung für Innovation

Maria, eine Produktmanagerin, hatte das Gefühl, dass ihre Arbeit eintönig wurde. Sie genoss Brainstorming und kreatives Denken, verbrachte aber die meiste Zeit mit routinemäßigen Verwaltungsaufgaben. Maria schlug eine neue Initiative zur Entwicklung innovativer Produktideen vor, die es ihr ermöglichte, sich kreativen Aufgaben zu widmen und gleichzeitig ihren Kernaufgaben nachzukommen. Dies weckte nicht nur ihr Interesse an ihrem Beruf, sondern führte auch zur Entwicklung erfolgreicher neuer Produkte.

Beispiel 2: Beziehungsaufbau zur Unterstützung

John, ein IT-Spezialist, empfand seinen Job als isoliert, da er größtenteils unabhängig arbeitete. Er beschloss, die Beziehungen zu seinen Kollegen durch die Organisation regelmäßiger Mittagstreffen und Aktivitäten nach der Arbeit zu stärken. Dadurch fühlte er sich stärker verbunden und unterstützt, was seine Arbeitszufriedenheit und sein Zugehörigkeitsgefühl steigerte.

Beispiel 3: Kognitives Basteln für einen bestimmten Zweck

Emma, eine Kundendienstmitarbeiterin, hatte mit der Wiederholung ihrer Arbeit zu kämpfen. Sie begann sich darauf zu konzentrieren, wie ihre Rolle den Kunden half und welchen positiven Einfluss sie auf deren Leben hatte. Durch die Neuausrichtung ihrer Perspektive fand Emma mehr Sinn und Erfüllung in ihrer Arbeit, was ihre Leistung und Zufriedenheit steigerte.

Praktische Schritte zum Einstieg in das Job Crafting

Sind Sie bereit, mit dem Job-Crafting zu beginnen? Hier sind einige praktische Methoden, die Ihnen helfen:

Schritt 1: Selbsteinschätzung

Beginnen Sie damit, Ihren aktuellen Job zu bewerten und Bereiche mit Verbesserungspotenzial zu identifizieren.

1. ***Listen Sie Ihre Aufgaben auf:*** Erstellen Sie eine detaillierte Liste Ihrer täglichen Aufgaben und Verantwortlichkeiten.
2. ***Identifizieren Sie Stärken und Interessen:*** Denken Sie über Ihre Stärken, Interessen und Werte nach. Identifizieren Sie Aufgaben, die mit diesen Aspekten übereinstimmen.
3. ***Bewerten Sie die Arbeitszufriedenheit:*** Bewerten Sie Ihre aktuelle

Arbeitszufriedenheit und lokalisieren Sie Bereiche, in denen Sie sich unerfüllt oder gestresst fühlen.

Schritt 2: Ziele setzen

Setzen Sie sich klare, erreichbare Ziele für Ihre Job-Crafting-Bemühungen.

1. **Ziele definieren:** Bestimmen Sie, was Sie durch Job Crafting erreichen möchten. Dies könnte eine höhere Arbeitszufriedenheit, eine bessere Work-Life-Balance oder berufliche Weiterentwicklung sein.
2. **Erstellen Sie einen Plan:** Erstellen Sie einen Schritt-für-Schritt-Plan, um Ihre Ziele zu erreichen. Skizzieren Sie spezifische Maßnahmen, die Sie ergreifen werden, um Ihre Aufgaben, Beziehungen und Perspektiven zu ändern.

Schritt 3: Handeln Sie

Beginnen Sie mit der Umsetzung Ihres Job-Crafting-Plans.

1. **Aufgaben ändern:** Beginnen Sie, Änderungen an Ihren Aufgaben vorzunehmen. Führen Sie neue Aufgaben ein, delegieren Sie weniger angenehme Aufgaben und gestalten Sie bestehende Aufgaben neu, um ihnen mehr Bedeutung zu verleihen.

2. ***Beziehungen verbessern:*** Konzentrieren
   Sie sich auf den Aufbau positiver Beziehungen
   und den Umgang mit negativen Interaktionen.
   Suchen Sie nach Möglichkeiten zur
   Zusammenarbeit und unterstützen Sie
   Netzwerke.

3. ***Perspektiven verändern:*** Üben Sie
   kognitive Handwerkstechniken wie das
   Nachdenken über die Wirkung Ihrer Arbeit,
   das Annehmen von Herausforderungen und
   das Üben von Dankbarkeit.

Schritt 4: Überwachen und anpassen

Bewerten Sie regelmäßig die Auswirkungen Ihrer Job-Crafting-Bemühungen und nehmen Sie bei Bedarf Anpassungen vor.

1. ***Feedback einholen:*** Sammeln Sie Feedback
   von Kollegen, Vorgesetzten und Mentoren.
   Nutzen Sie dieses Feedback, um Ihre Job-Crafting-Strategien zu verfeinern.

2. ***Über den Fortschritt nachdenken:***
   Überprüfen Sie regelmäßig Ihre Fortschritte
   und Erfolge. Beurteilen Sie, ob sich Ihre
   Arbeitszufriedenheit und Ihr Wohlbefinden
   verbessert haben.

3. ***Strategien anpassen:*** Seien Sie flexibel
   und bereit, Ihren Job-Crafting-Plan basierend
   auf Ihren Erfahrungen und sich ändernden
   Umständen anzupassen.

Abschluss

Job Crafting ist ein leistungsstarkes Werkzeug, um eine flexiblere, erfüllendere und bedeutungsvollere Arbeitserfahrung zu schaffen. Indem Sie proaktive Maßnahmen ergreifen, um Ihre Aufgaben, Beziehungen und Perspektiven zu ändern, können Sie Ihren Job so umgestalten, dass er besser auf Ihre Stärken und Leidenschaften abgestimmt ist. Denken Sie daran, dass Job-Crafting ein fortlaufender Prozess ist, der Selbstbewusstsein, Kreativität und die Bereitschaft zur Anpassung erfordert. Mit dem richtigen Ansatz können Sie Ihren Job für sich arbeiten lassen und Ihr Leben von der Arbeit zurückgewinnen.

Reflexionsfragen

1. Remote-Arbeit: Tipps und Tricks:

- Wie verwalten Sie derzeit Ihre Zeit und Aufgaben, während Sie remote arbeiten? Welche Strategien fanden Sie am effektivsten und wo haben Sie Schwierigkeiten?

- Was sind für Sie die größten Herausforderungen bei der Aufrechterhaltung der Work-Life-Balance bei der Arbeit von zu Hause aus? Wie können Sie diese Herausforderungen Ihrer Meinung nach meistern?

2. Verhandlungen für bessere Arbeitsbedingungen:

- Welche Aspekte Ihrer aktuellen Arbeitsbedingungen würden Sie gerne verbessern? Wie sind Sie in der Vergangenheit an die Verhandlungen mit Ihrem Arbeitgeber herangegangen?

- Was halten Sie davon, sich bei der Arbeit für Ihre Bedürfnisse einzusetzen? Welche Befürchtungen oder Vorbehalte haben Sie gegenüber Verhandlungen über bessere Arbeitsbedingungen?

3. Job Crafting: Lassen Sie Ihren Job für Sie arbeiten

- Welche Aufgaben in Ihrem Job bereiten Ihnen die größte Zufriedenheit und welche empfinden Sie als anstrengend? Wie können Sie Ihre Verantwortlichkeiten so umgestalten, dass sie besser auf Ihre Stärken und Interessen abgestimmt sind?

- Wie können Sie Ihre Beziehungen zu Kollegen verbessern, um Ihre Arbeitszufriedenheit zu steigern? Welche Schritte können Sie unternehmen, um ein unterstützenderes und kollaborativeres Arbeitsumfeld zu schaffen?

Transformative Übungen

1. Remote-Arbeit: Tipps und Tricks:

- **Erstellen Sie einen personalisierten Remote-Arbeitsplan:** Entwerfen Sie einen Tagesplan, der Arbeit und Privatleben in Einklang bringt. Planen Sie Zeitblöcke für konzentriertes Arbeiten, Pausen, Bewegung und Freizeitaktivitäten ein. Testen Sie Ihren Zeitplan eine Woche lang und passen Sie ihn an, je nachdem, was für Sie am besten funktioniert.

- ***Richten Sie einen idealen Arbeitsplatz ein:*** Bewerten Sie Ihr aktuelles Remote-Arbeits-Setup. Identifizieren Sie Möglichkeiten zur Verbesserung Ihres Arbeitsplatzes, um Produktivität und Komfort zu steigern, z. B. durch ergonomische Möbel, richtige Beleuchtung und die Minimierung von Ablenkungen.

2. Verhandlungen für bessere Arbeitsbedingungen:

- ***Entwickeln Sie einen Verhandlungsplan:*** Identifizieren Sie einen Aspekt Ihrer Arbeitsbedingungen, den Sie verbessern möchten (z. B. flexible Arbeitszeiten, Remote-Arbeitsoptionen, bessere Tools). Bereiten Sie einen klaren und prägnanten Vorschlag vor, in dem die Vorteile für Sie und Ihren Arbeitgeber dargelegt werden. Üben Sie, Ihren Vorschlag einem Freund oder Mentor vorzustellen, um Feedback zu erhalten.

- ***Rollenspielübung:*** Spielen Sie gemeinsam mit einem Kollegen oder Freund ein Verhandlungsszenario durch. Wechseln Sie sich als Arbeitnehmer und Arbeitgeber ab. Diese Übung wird Ihnen helfen, Selbstvertrauen aufzubauen und Ihre Verhandlungsfähigkeiten zu verfeinern.

3. Job Crafting: Damit Ihr Job für Sie funktioniert:

- ***Aufgabenanalyse und Neuausrichtung:*** Listen Sie alle Ihre beruflichen Aufgaben auf und kategorisieren Sie sie in drei Gruppen: Aufgaben, die Ihnen Spaß machen, Aufgaben, die Sie neutral finden, und Aufgaben, die Sie nicht mögen. Überlegen Sie sich für Aufgaben, die Ihnen nicht gefallen,

Möglichkeiten, sie umzugestalten oder zu modifizieren, um sie ansprechender zu gestalten. Wenn Ihnen beispielsweise Routineberichte nicht gefallen, denken Sie darüber nach, wie Sie Teile des Prozesses automatisieren oder neue Wege finden können, die Daten möglicherweise interessanter darzustellen.

- ***Übung zum Beziehungsaufbau:*** Identifizieren Sie drei Kollegen, mit denen Sie stärkere Beziehungen aufbauen möchten. Planen und initiieren Sie ein Kaffeegespräch oder ein virtuelles Treffen mit jeder Person, um gemeinsame Interessen, Arbeitsherausforderungen und mögliche Möglichkeiten der Zusammenarbeit zu besprechen. Denken Sie darüber nach, wie sich diese Interaktionen auf Ihre Arbeitserfahrung und Zufriedenheit auswirken.

KAPITEL ACHT.
HOBBYS UND INTERESSEN PFLEGEN.

ALTE LEIDENSCHAFTEN WIEDERENTDECKEN.

Erinnern Sie sich an das berauschende Gefühl, als Sie aus Spaß Gitarre spielten, malten oder aufwendiges Gebäck backten? Die Verantwortung im Leben, insbesondere die Arbeit, drängt diese geschätzten Aktivitäten oft in den Hintergrund. Aber diese Hobbys, diese Leidenschaften sind ein wesentlicher Teil dessen, wer Sie sind. Sie hauchen Ihrem Alltag Leben ein, bieten Ihnen eine Auszeit vom Stress und erinnern Sie an Ihr wahres Selbst, das über Ihre berufliche Identität hinausgeht.

Die Kraft der Nostalgie.

Nostalgie ist nicht nur eine angenehme Reise in die Vergangenheit; es kann ein starker Motivator sein. Denken Sie an die Hobbys, die Sie in Ihrer Jugend oder im frühen Erwachsenenalter geliebt haben. War es ein Sport, das Schaffen von Kunst oder die Erkundung der Natur? Die Wiederaufnahme dieser Aktivitäten kann Freude und Kreativität neu entfachen und eine erfrischende Pause vom Alltagsstress bieten. Darüber hinaus kann die Rückkehr zu einem geliebten Hobby ein Erfolgserlebnis und eine Zufriedenheit hervorrufen, die in Ihrer aktuellen Routine möglicherweise fehlen.

Die ersten Schritte unternehmen.

Der Gedanke, wieder einem alten Hobby nachzugehen, mag entmutigend wirken, besonders wenn es schon eine Weile her ist. Fangen Sie klein an. Wenn Sie gerne malen, beginnen Sie mit einer einfachen Skizze oder einem Malbuch für Erwachsene. Wenn Sie sich für Musik interessieren, greifen Sie zu Ihrem Instrument und spielen Sie ein Lieblingslied. Das Ziel besteht darin, sich wieder in die Aktivität einzuarbeiten, ohne den Druck zu haben, sie sofort zu meistern.

Sich Zeit für alte Leidenschaften nehmen.

In einem vollen Terminkalender Zeit für Hobbys zu finden, kann eine Herausforderung sein, ist aber entscheidend. Nehmen Sie sich zunächst jede Woche eine bestimmte Zeit, die Sie ausschließlich Ihrem Hobby widmen. Es kann eine Stunde an einem Sonntagmorgen oder eine halbe Stunde vor dem Schlafengehen sein. Der Schlüssel ist Konsistenz. Mit der Zeit kann diese regelmäßige Übung zu einem geschätzten Teil Ihrer Routine werden und Ihnen die dringend benötigte Pause und das Gefühl persönlicher Erfüllung verschaffen.

Teilen Sie Ihre Leidenschaft.

Ein altes Hobby wiederzuentdecken kann noch mehr Spaß machen, wenn man es mit anderen teilt. Suchen Sie nach lokalen Clubs oder Online-Communities, in denen Sie mit

Menschen in Kontakt treten können, die Ihre Interessen teilen. Das Teilen Ihrer Leidenschaft mit anderen kann Motivation, Inspiration und ein Gefühl der Kameradschaft vermitteln. Ganz gleich, ob es sich um einen Strickkreis, einen Buchclub oder eine Wandergruppe handelt: Teil einer Gemeinschaft zu sein kann Ihr Erlebnis bereichern und Sie motivieren.

NEUE DINGE AUSPROBIEREN: ERWEITERN SIE IHREN HORIZONT

Während es erfüllend ist, alten Hobbys wieder nachzugehen, kann das Ausprobieren neuer Dinge ebenso belebend sein. Wenn Sie Ihre Komfortzone verlassen und neue Aktivitäten erkunden, können Sie eine Welt voller Möglichkeiten eröffnen und neue Leidenschaften entdecken, von denen Sie nie wussten, dass Sie sie haben.

Das Unbekannte umarmen.

Etwas Neues auszuprobieren kann einschüchternd sein, ist aber auch eine Chance für Wachstum. Es geht darum, sich selbst die Erlaubnis zu geben, Anfänger zu sein, Fehler zu machen und zu lernen. Ganz gleich, ob es darum geht, eine neue Sportart zu praktizieren, eine neue Sprache zu lernen oder ein neues Handwerk auszuprobieren: Sich auf das Unbekannte einzulassen, kann ein aufregendes Abenteuer sein.

Verschiedene Wege erkunden.

Der erste Schritt beim Ausprobieren von etwas Neuem besteht darin, herauszufinden, was Ihr Interesse weckt. Denken Sie an Aktivitäten, auf die Sie schon immer neugierig waren. Vielleicht wollten Sie schon immer Töpfern, Salsa-Tanzen oder Programmieren ausprobieren. Erstellen Sie eine Liste dieser Interessen und wählen Sie zunächst eines aus. Denken Sie daran, es geht nicht darum, perfekt zu sein; Es geht darum, den Prozess zu erkunden und zu genießen.

Ressourcen und Unterstützung finden.

Es stehen unzählige Ressourcen zur Verfügung, die Ihnen den Einstieg in ein neues Hobby erleichtern. Online-Plattformen bieten Tutorials und Kurse zu praktisch allem, was Ihnen einfällt. Gemeindezentren, örtliche Hochschulen und Hobbyläden bieten oft auch Kurse an. Zögern Sie nicht, sich an Freunde oder Familienmitglieder zu wenden, die Ihr neues Interesse teilen könnten. Ihre Unterstützung und ihr Enthusiasmus können das Erlebnis noch angenehmer machen.

Alt und Neu in Einklang bringen.

Alte Hobbys mit neuen Interessen in Einklang zu bringen, kann eine unterhaltsame und lohnende Herausforderung sein. Es ermöglicht Ihnen, den Komfort vertrauter Aktivitäten zu genießen und gleichzeitig die Aufregung neuer Aktivitäten zu erleben. Planen Sie in Ihrem Tagesablauf Zeit für beides ein und stellen Sie sicher, dass Sie über ein abwechslungsreiches

Spektrum an Aktivitäten verfügen, die Sie beschäftigen und erfüllen.

Die Vorteile von Hobbys und Interessen.

Die Pflege von Hobbys und Interessen geht über das bloße Zeitvertreib hinaus. Diese Aktivitäten haben tiefgreifende Vorteile für Ihr geistiges, emotionales und sogar körperliches Wohlbefinden.

Hier sind einige Vorteile von Hobbys und Interessen:

1. Stress und Angst reduzieren:

Hobbys nachzugehen ist eine großartige Möglichkeit, Stress und Ängste abzubauen. Diese Aktivitäten lenken Sie vom Alltagsstress ab und ermöglichen es Ihnen, in etwas Angenehmes einzutauchen. Ob Gartenarbeit, Musikinstrument spielen oder Stricken – die Wiederholung vieler Hobbys kann besonders beruhigend sein und dabei helfen, den Geist zu beruhigen und Stress abzubauen.

2. Kreativität steigern:

Hobbys erfordern oft kreatives Denken und Problemlösen, was Ihre Kreativität in anderen Bereichen Ihres Lebens, einschließlich Ihrer Arbeit, steigern kann. Die Teilnahme an kreativen Aktivitäten stimuliert Ihr Gehirn und fördert innovatives Denken und eine neue Perspektive.

3. Verbesserung der körperlichen Gesundheit:

Viele Hobbys beinhalten körperliche Aktivität, die sich positiv auf die Gesundheit auswirkt. Ob Wandern, Tanzen oder Sport – körperliche Hobbys helfen Ihnen, aktiv zu bleiben und Ihre Fitness zu verbessern. Selbst weniger anstrengende Aktivitäten wie Gartenarbeit oder Yoga können erhebliche körperliche Vorteile bringen.

4. Verbesserung sozialer Verbindungen:

Hobbys können auch Ihr soziales Leben verbessern. Durch den Beitritt zu Clubs oder Gruppen, die sich um Ihre Interessen drehen, können Sie neue Freunde kennenlernen und bestehende Beziehungen stärken. Das Teilen eines gemeinsamen Interesses ist eine großartige Möglichkeit, Bindungen aufzubauen und ein unterstützendes soziales Netzwerk aufzubauen.

5. Stärkung des Selbstwertgefühls und des Selbstvertrauens:

Das Erlernen einer neuen Fähigkeit oder die Verbesserung eines Hobbys kann Ihr Selbstwertgefühl und Selbstvertrauen erheblich steigern. Das Erfolgserlebnis, das dadurch entsteht, dass man etwas schafft, etwas Neues lernt oder sich in einem Hobby verbessert, kann unglaublich lohnend und stärkend sein.

6. Ein ausgeglichenes Leben schaffen:

Hobbys tragen zu einem ausgeglichenen Leben bei, indem sie einen Ausgleich zur Arbeit und anderen Pflichten schaffen. Sie bieten eine Möglichkeit, sich zu entspannen, Spaß zu haben und das Leben außerhalb Ihrer beruflichen Verpflichtungen zu genießen. Indem Sie sich Zeit für Hobbys nehmen, investieren Sie in Ihr allgemeines Wohlbefinden und Glück.

Praktische Schritte zur Pflege von Hobbys und Interessen.

1. Plane es:

Hobbys müssen wie jede andere wichtige Aktivität geplant werden. Gehen Sie eine Verpflichtung ein, indem Sie in Ihrem Kalender gezielt Zeit für Ihre Hobbys einplanen. Behandeln Sie diese Zeit als nicht verhandelbar, genau wie ein Arbeitstreffen oder einen Arzttermin.

2. Klein anfangen:

Wenn Sie Schwierigkeiten haben, Zeit für Hobbys zu finden, fangen Sie klein an. Schon 15 Minuten pro Tag, die Sie einem Hobby widmen, können einen Unterschied machen. Wenn Sie sich daran gewöhnen, diese Zeit in Ihre Routine zu integrieren, können Sie sie schrittweise verlängern.

3. Erstellen Sie einen speziellen Bereich:

Wenn Sie einen eigenen Bereich für Ihre Hobbys haben, können Sie diese leichter regelmäßig ausüben. Ganz gleich, ob es sich um eine Zimmerecke, einen Platz in Ihrer Garage oder einen Platz in Ihrem Garten handelt: Ein bestimmter Ort für Ihre Aktivitäten kann Ihnen dabei helfen, die richtige Einstellung zu finden und den Einstieg zu erleichtern.

4. Seien Sie geduldig:

Denken Sie daran, dass das Ziel eines Hobbys Vergnügen und Entspannung ist, nicht Perfektion. Seien Sie freundlich zu sich selbst, während Sie vorankommen und Fortschritte machen. Feiern Sie kleine Erfolge und seien Sie nicht zu streng mit sich selbst, wenn die Dinge nicht perfekt laufen.

5. Bleiben Sie aufgeschlossen:

Seien Sie aufgeschlossen, wenn Sie neue Hobbys entdecken. Vielleicht entdecken Sie Interessen und Talente, von denen Sie nie wussten, dass Sie sie haben. Seien Sie bereit, neue Dinge auszuprobieren und Ihre Komfortzone zu verlassen.

Indem Sie alte Leidenschaften wiederentdecken und neue Dinge ausprobieren, können Sie Ihr Leben bereichern, Stress abbauen und mehr Erfüllung finden. Diese Aktivitäten bieten den dringend benötigten Ausgleich zu den Anforderungen der Arbeit und ermöglichen es Ihnen, das Leben in vollen Zügen zu genießen. Nehmen Sie sich also die Zeit, in Ihre Hobbys und Interessen zu investieren. Ihr Wohlbefinden, Ihre Kreativität und Ihr allgemeines Glück werden es Ihnen danken.

DIE FREUDE, ETWAS NEUES ZU LERNEN.

Stellen Sie sich vor, Sie wachen jeden Tag voller Aufregung auf und wissen, dass Sie sich außerhalb Ihres regulären Arbeitsalltags auf etwas Angenehmes und Anregendes freuen können. Das ist die Freude, etwas Neues zu lernen. Es ist, als würde man eine Schatzkiste voller grenzenloser Möglichkeiten entdecken. Ob es darum geht, eine neue Sprache zu erlernen, ein Musikinstrument zu beherrschen oder in die Welt der digitalen Kunst einzutauchen – die Aufnahme neuer Hobbys kann ein bemerkenswertes Gefühl der Erfüllung und des Glücks in Ihr Leben bringen.

Die Aufregung der Entdeckung.

Es ist unbestreitbar spannend, etwas Neues zu beginnen. Erinnern Sie sich an das erste Mal, als Sie gelernt haben, Fahrrad zu fahren oder einen Kuchen zu backen? Diese Mischung aus Vorfreude, Neugier und einem Hauch Nervosität macht das Erlebnis so berauschend. Das Erlernen von etwas Neuem nutzt diese Spannung und verleiht Ihrer Routine eine erfrischende Abwechslung. Es durchbricht die Monotonie und gibt Ihnen etwas, auf das Sie gespannt sein können.

Stärken Sie Ihr Selbstvertrauen.

Jeder kleine Erfolg in Ihrem neuen Hobby stärkt Ihr Selbstvertrauen. Wenn Sie sehen, dass Sie Fortschritte machen – sei es beim Beherrschen eines neuen Gitarrenakkords, beim erfolgreichen Anlegen eines Gartens oder beim Lösen eines anspruchsvollen Rätsels –, vermittelt das ein Erfolgserlebnis. Dieses neu gewonnene Selbstvertrauen greift oft auf andere Bereiche Ihres Lebens über, einschließlich Ihrer beruflichen Arbeit. Sie beginnen an Ihre Fähigkeit zu glauben, zu lernen, sich anzupassen und erfolgreich zu sein.

Verbessern Sie Ihre kognitiven Fähigkeiten.

Das Erlernen neuer Dinge stimuliert Ihr Gehirn. Es fördert die kognitive Entwicklung und hält Ihren Geist scharf. Das Erlernen einer neuen Sprache stärkt beispielsweise das Gedächtnis und verbessert die Problemlösungsfähigkeiten. Aktivitäten wie Schach oder Sudoku können Ihr strategisches Denken schärfen. Diese mentalen Übungen sind nicht nur für Ihre Hobbys von Vorteil, sondern auch für Ihre allgemeine kognitive Gesundheit und tragen dazu bei, den kognitiven Verfall mit zunehmendem Alter zu verzögern.

Mit Gleichgesinnten in Kontakt treten.

Eine der Freuden neuer Hobbys ist die Möglichkeit, Menschen zu treffen und mit ihnen in Kontakt zu treten, die Ihre Interessen teilen. Wenn Sie einem lokalen Kurs, Club oder einer Online-Community beitreten, können Sie eine vielfältige Gruppe von Menschen kennenlernen, mit denen Sie Erfahrungen, Tipps und Ermutigungen austauschen können. Diese sozialen Verbindungen können zu dauerhaften Freundschaften und einem breiteren Unterstützungsnetzwerk führen.

Hobbys mit Arbeit und Leben in Einklang bringen.

Obwohl die Vorteile von Hobbys offensichtlich sind, kann es eine Herausforderung sein, die Zeit zu finden, ihnen neben der Arbeit und anderen Pflichten nachzugehen. Der Schlüssel liegt darin, Ihre Hobbys mit Arbeit und Privatleben so in Einklang zu bringen, dass Sie nicht überfordert werden, sondern Ihr tägliches Erlebnis bereichert wird. Hier sind ein paar Vorschläge, um Hobbys mit Beruf und Privatleben in Einklang zu bringen:

Priorisieren Sie Ihre Interessen.

Um Hobbys in Ihr Leben zu integrieren, beginnen Sie damit, ihnen Priorität einzuräumen. Machen Sie sich bewusst, dass es genauso wichtig ist, sich Zeit für Aktivitäten zu nehmen, die Ihnen Spaß machen, wie Ihre beruflichen und persönlichen Verpflichtungen. Betrachten Sie Ihre Hobbys nicht als optionale Extras, sondern als wesentliche Bestandteile eines ausgeglichenen Lebens. Wenn Sie Ihre Interessen priorisieren, ist es wahrscheinlicher, dass Sie die Zeit finden, sich ihnen hinzugeben.

Zeitmanagementtechniken.

Ein effektives Zeitmanagement ist entscheidend für die Vereinbarkeit von Hobbys, Beruf und Privatleben. Verwenden Sie Techniken wie das Zeitblockieren, bei dem Sie bestimmte Zeiträume für Arbeit, persönliche Pflichten und Hobbys reservieren. Erstellen Sie einen Wochenplan, der spezielle Zeitfenster für Ihre Hobbys enthält. Dieser strukturierte Ansatz stellt sicher, dass Sie regelmäßig Aktivitäten nachgehen, die Ihnen Spaß machen, ohne Ihre Arbeit oder Ihre persönlichen Verpflichtungen zu beeinträchtigen.

Hobbys mit Alltagsroutine verbinden.

Suchen Sie nach Möglichkeiten, Ihre Hobbys in Ihren Alltag zu integrieren. Wenn Sie gerne lesen, nehmen Sie ein Buch mit und lesen Sie es während der Fahrt zur Arbeit oder in der Mittagspause. Wenn Sie gerne im Garten arbeiten, verbringen Sie jeden Morgen ein paar Minuten damit, sich um Ihre Pflanzen zu kümmern. Wenn Sie Hobbys in Ihren Alltag integrieren, werden sie zu einem natürlichen Teil Ihres Lebens und nicht zu etwas, für das Sie zusätzliche Zeit aufwenden müssen.

Realistische Ziele setzen.

Es ist wichtig, realistische Ziele für Ihre Hobbys zu setzen. Verstehen Sie, dass Sie nicht sofort perfekt sein oder herausragende Leistungen erbringen müssen. Setzen Sie sich kleine, erreichbare Ziele, die in Ihren Zeitplan passen. Wenn Sie beispielsweise Klavier spielen lernen, sollten Sie versuchen, 15 Minuten am Tag statt einer Stunde zu üben. Dieser Ansatz verhindert, dass Sie sich überfordert fühlen und ermöglicht Ihnen, in einem angenehmen Tempo voranzukommen.

Flexibilität und Anpassungsfähigkeit.

Das Leben ist unvorhersehbar und manchmal verläuft Ihr Zeitplan möglicherweise nicht wie geplant. Flexibilität und Anpassungsfähigkeit bei Ihren Hobbys sind unerlässlich. Wenn Sie eine Sitzung verpassen oder eines Tages keine Zeit für Ihr Hobby haben, machen Sie sich darüber keine Sorgen. Passen Sie Ihren Zeitplan an und holen Sie es am nächsten Tag ab. Das Ziel besteht darin, eine positive und angenehme Beziehung zu

Ihren Hobbys aufrechtzuerhalten, ohne unnötigen Druck auszuüben.

Hobbys mit Familie und Freunden integrieren.

Die Vereinbarkeit von Hobbys, Beruf und Privatleben wird einfacher, wenn Sie Ihre Familie und Freunde einbeziehen. Nehmen Sie an Aktivitäten teil, die Sie alle gemeinsam genießen können. Dadurch können Sie nicht nur Ihre Interessen verfolgen, sondern auch Ihre Beziehungen stärken. Ob Sie mit Ihrem Partner ein neues Rezept kochen, mit Ihren Kindern Sport treiben oder mit Freunden einen Bastelkurs besuchen – gemeinsame Hobbys können Freude und tiefere Bindungen bringen.

Zusammenfassend lässt sich sagen, dass Hobbys Ihr Leben bereichern, Stress reduzieren und das allgemeine Wohlbefinden fördern, egal ob Sie alte Leidenschaften wiederentdecken oder neue entdecken. Indem Sie Ihre Interessen priorisieren, Ihre Zeit effektiv einteilen und Hobbys in Ihren Alltag integrieren, können Sie eine harmonische Balance zwischen Arbeit und Privatleben erreichen. Denken Sie daran: Die Freude, etwas Neues zu lernen und Hobbys mit dem Leben in Einklang zu bringen, ist eine Reise. Nehmen Sie es mit einem offenen Geist und einer positiven Einstellung an und Sie werden feststellen, dass Sie ein erfüllteres und ausgeglicheneres Leben führen werden.

1. Welche Hobbys oder Interessen hatten Sie in der Vergangenheit, denen Sie nicht mehr nachgehen?

Denken Sie darüber nach, warum Sie aufgehört haben und wie sich diese Aktivitäten bei Ihnen gefühlt haben.

2. Wie haben diese früheren Hobbys zu Ihrem Glück und Wohlbefinden beigetragen?

Denken Sie darüber nach, wie sie Ihrem Leben konkret einen Mehrwert verliehen haben.

3. Welche Barrieren haben Sie daran gehindert, diese Hobbys fortzusetzen?

Berücksichtigen Sie praktische Hindernisse wie Zeit und Ressourcen sowie emotionale oder mentale Blockaden.

4. Welche dieser alten Leidenschaften spüren Sie noch heute?

Identifizieren Sie diejenigen, die bei Ihnen immer noch Freude oder Interesse wecken.

5. Wie können Sie diese Leidenschaften wieder in Ihren aktuellen Lebensstil integrieren?

Denken Sie über kleine Schritte oder Anpassungen nach, die Sie vornehmen können, um diese Hobbys wieder einzubeziehen.

Transformative Übungen:

1. Leidenschaftstagebuch:

Erstellen Sie einen Tagebucheintrag, in dem Sie alle Hobbys auflisten, die Sie in der Vergangenheit genossen haben. Schreiben Sie, wie Sie sich bei jedem einzelnen gefühlt haben und warum es Ihnen gefallen hat. Überlegen Sie, welche Sie noch einmal besuchen möchten.

2. Verbinden Sie sich wieder mit einem früheren Hobby:

Wählen Sie ein altes Hobby und nehmen Sie sich diese Woche eine Stunde Zeit, um sich damit zu beschäftigen. Beachten Sie, wie es sich anfühlt, sich wieder mit dieser Aktivität zu verbinden.

3. Vision Board:

Erstellen Sie ein Vision Board mit Bildern und Worten, die Ihre vergangenen Leidenschaften darstellen und wie Sie sie jetzt in Ihr Leben integrieren können.

4. Planen Sie einen erneuten Besuch:

Legen Sie in Ihrem Kalender ein bestimmtes Datum und eine bestimmte Uhrzeit fest, um einem alten Hobby wieder nachzugehen. Betrachten Sie es als einen wichtigen Termin und verpflichten Sie sich dazu.

Reflexionsfragen: Neue Dinge ausprobieren: Ihren Horizont erweitern

1. Auf welche neuen Aktivitäten oder Hobbys waren Sie neugierig, haben sie aber noch nicht ausprobiert?

Denken Sie darüber nach, warum diese Aktivitäten Sie interessieren und was Sie davon abgehalten hat.

2. Wie fühlen Sie sich, wenn Sie Ihre Komfortzone verlassen, um etwas Neues auszuprobieren?

Überlegen Sie, welche Befürchtungen und Befürchtungen Sie haben und wie Sie diese überwinden können.

3. Welche potenziellen Vorteile könnte das Ausprobieren neuer Dinge für Ihr Leben bringen?

Denken Sie an persönliches Wachstum, Freude und neue Fähigkeiten, die Sie erwerben könnten.

4. Wie können Sie in Ihrem Zeitplan Zeit für die Erkundung neuer Hobbys einplanen?

Identifizieren Sie bestimmte Zeiten oder Routinen, die an neue Aktivitäten angepasst werden können.

5. Welche Unterstützung benötigen Sie, um neue Interessen zu erkunden?

Überlegen Sie, ob Sie Ermutigung, Ressourcen oder Kameradschaft benötigen, um etwas Neues auszuprobieren.

Transformative Übungen:

1. Neue Hobbyliste:

Schreiben Sie eine Liste mit fünf neuen Hobbys, die Sie schon immer ausprobieren wollten. Ordnen Sie sie in der Reihenfolge ihres Interesses und recherchieren Sie jeweils lokale oder Online-Kurse oder -Ressourcen.

2. 30-Tage-Challenge:

Verpflichten Sie sich, 30 Tage lang ein neues Hobby auszuprobieren. Dokumentieren Sie jeden Tag Ihre Erfahrungen, Fortschritte und Gefühle.

3. Treten Sie einer Klasse oder Gruppe bei:

Melden Sie sich für einen Kurs an oder schließen Sie sich einer Gruppe an, die sich auf ein neues Interesse konzentriert. Nehmen Sie an mindestens einer Sitzung teil und beobachten Sie, wie es sich anfühlt, sich mit anderen an dieser neuen Aktivität zu beteiligen.

4. Experimentierwoche:

Nehmen Sie sich eine Woche Zeit, jeden Tag mit einer anderen neuen Aktivität zu experimentieren. Überlegen Sie, welche Ihnen am besten gefallen haben und warum.

Reflexionsfragen: Die Freude, etwas Neues zu lernen

1. Welche Emotionen erleben Sie, wenn Sie anfangen, etwas Neues zu lernen?

Denken Sie über positive und negative Emotionen nach und wie sie Ihre Motivation beeinflussen.

2. Wie hat sich das Lernen neuer Dinge in der Vergangenheit positiv auf Ihr Leben ausgewirkt?

Denken Sie an bestimmte Fälle, in denen Ihnen neue Kenntnisse oder Fähigkeiten von Nutzen waren.

3. Welche Bereiche Ihres Lebens könnten von der Freude und Aufregung profitieren, etwas Neues zu lernen?

Finden Sie heraus, wo Sie stagnieren und wie neue Lernerfahrungen diese Bereiche wiederbeleben könnten.

4. Wie gehen Sie mit den Herausforderungen und Rückschlägen um, die das Erlernen von etwas Neuem mit sich bringt?

Denken Sie über Ihre Bewältigungsstrategien nach und darüber, wie diese Ihren Fortschritt unterstützen oder behindern.

5. Was sind die ersten Schritte, die Sie heute unternehmen können, um etwas Neues zu lernen?

Beschreiben Sie praktische Schritte, die Sie sofort unternehmen können, um eine neue Lernreise zu beginnen.

Transformative Übungen:

1. Lerntagebuch:

Führen Sie ein Tagebuch, in dem Sie Ihre Reise dokumentieren, während Sie etwas Neues lernen. Schreiben Sie über Ihre Erfolge, Herausforderungen und wie Sie sich durch den Prozess fühlen.

2. Miniprojekt:

Starten Sie ein kleines Projekt im Zusammenhang mit einem neuen Interesse. Setzen Sie sich klare Ziele und Fristen, um motiviert und auf dem richtigen Weg zu bleiben.

3. Fähigkeitstausch:

Arbeiten Sie mit jemandem zusammen, der über eine Fähigkeit verfügt, die Sie erlernen möchten. Bieten Sie ihnen an, ihnen im Gegenzug etwas beizubringen, und schaffen Sie so eine für beide Seiten vorteilhafte Lernerfahrung.

4. Lernkalender:

Erstellen Sie einen Kalender mit speziellen Zeitfenstern, in denen Sie etwas Neues lernen können. Halten Sie sich an den Zeitplan und überprüfen Sie Ihre Fortschritte am Ende jeder Woche.

Reflexionsfragen: Hobbys, Arbeit und Leben in Einklang bringen

1. Wie verwalten Sie derzeit Ihre Zeit zwischen Arbeit, persönlichen Verpflichtungen und Hobbys?

Denken Sie über Ihre aktuelle Bilanz nach und identifizieren Sie alle Bereiche, die verbessert werden müssen.

2. Vor welchen Herausforderungen stehen Sie, wenn Sie Zeit für Hobbys finden?

Berücksichtigen Sie sowohl externe Faktoren (wie Arbeitsanforderungen) als auch interne Faktoren (wie Zeitmanagementfähigkeiten).

3. Wie fühlen Sie sich, wenn Sie Ihre Hobbys aufgrund der Arbeit oder anderer Verpflichtungen vernachlässigen?

Denken Sie über die emotionalen und mentalen Auswirkungen nach, wenn Sie sich nicht an Aktivitäten beteiligen, die Sie lieben.

4. Welche Änderungen können Sie an Ihrem Tagesablauf vornehmen, um Hobbys besser mit anderen Aspekten Ihres Lebens in Einklang zu bringen?

Identifizieren Sie spezifische Maßnahmen, die Sie ergreifen können, um einen ausgewogeneren Zeitplan zu erstellen.

Transformative Übungen:

1. Zeitaudit:

Führen Sie eine Zeitprüfung für eine Woche durch und notieren Sie, wie Sie jede Stunde Ihres Tages verbringen. Identifizieren Sie Lücken, in denen Sie Ihre Hobbys unterbringen können, und passen Sie Ihren Zeitplan entsprechend an.

2. Wöchentlicher Hobbyplan:

Erstellen Sie einen Wochenplan, der spezielle Zeitfenster für Ihre Hobbys enthält. Betrachten Sie diese Termine als wichtige Termine, die Sie nicht verpassen dürfen.

3. Hobbyabend für Familie und Freunde:

Organisieren Sie einen wöchentlichen oder monatlichen Hobbyabend mit Familie und Freunden, bei dem alle gemeinsam ihren Lieblingsbeschäftigungen nachgehen. Dies fördert die soziale Bindung und sorgt dafür, dass Zeit für Hobbys bleibt.

4. Grenzeinstellung:

Üben Sie, Grenzen zu setzen, indem Sie bestimmte Zeiten als nicht verhandelbare Hobbyzeit festlegen. Teilen Sie diese Grenzen Ihrer Arbeit und Familie klar mit, um sicherzustellen, dass sie respektiert werden.

KAPITEL NEUN.
VERÄNDERUNGEN DER MENGE FÜR EIN AUSGEWOGENES LEBEN.

ÜBERWINDUNG DER HEKTIKKULTUR.

In der heutigen Welt sind viele von uns in der Hektikkultur gefangen. Es ist die Überzeugung, dass wir ständig produktiv sein, immer nach mehr streben und bis an unsere Grenzen gehen müssen. Diese Mentalität führt oft zu Burnout, Stress und mangelnder Erfüllung. Aber was wäre, wenn ich Ihnen sagen würde, dass es eine bessere Art zu leben gibt, eine, die es Ihnen ermöglicht, Ihre Ziele zu erreichen, ohne auf Ihr Wohlbefinden zu verzichten?

Die Hektikkultur fördert die Vorstellung, dass Ihr Wert an Ihre Produktivität gebunden ist. Möglicherweise haben Sie ein schlechtes Gewissen, wenn Sie Pausen einlegen oder sich entspannen, weil Sie der Meinung sind, dass Sie immer etwas tun sollten. Diese Denkweise ist nicht nur ungesund, sondern auf lange Sicht auch nicht nachhaltig. Es ist an der Zeit, diese Vorstellung in Frage zu stellen und eine ausgewogenere Herangehensweise an das Leben anzunehmen.

Die Hustle-Kultur verstehen.

Die Hektikkultur verherrlicht ständige Arbeit und Anstrengung, oft auf Kosten der persönlichen Gesundheit und der Beziehungen. Befeuert wird es durch soziale Medien, in denen wir Influencer und Unternehmer sehen, die ihr geschäftiges Leben und ihre Erfolge präsentieren. Die zugrunde liegende Botschaft ist, dass man keinen Erfolg hat, wenn man sich nicht anstrengt.

Diese Kultur kann ein Gefühl der Unzulänglichkeit und des Drucks erzeugen, sodass Sie das Gefühl haben, nie genug zu tun. Es kann zu langen Arbeitszeiten, Schlafmangel und Vernachlässigung der Selbstfürsorge führen – alles im Namen des Erfolgs. Es ist jedoch wichtig zu erkennen, dass echter Erfolg nicht nur auf beruflichen Erfolgen beruht; Es geht auch darum, ein gesundes, glückliches und erfülltes Leben zu führen.

Ändern Sie Ihre Denkweise.

Um die Hektikkultur zu überwinden, müssen Sie zunächst Ihre Denkweise ändern. Hier sind einige wichtige Schritte, die Sie bei dieser Transformation unterstützen:

1. Erfolg neu definieren:

Nehmen Sie sich einen Moment Zeit, um über Ihre eigene Definition von Erfolg nachzudenken. Geht es nur um berufliche Erfolge oder geht es um persönliches Glück, Gesundheit und sinnvolle Beziehungen? Wenn Sie Erfolg neu definieren und eine ganzheitliche Sicht auf Ihr Leben einbeziehen, können Sie besser Prioritäten setzen.

2. Stellen Sie Qualität vor Quantität:

Konzentrieren Sie sich nicht auf die Anzahl Ihrer Arbeitsstunden, sondern auf die Qualität Ihrer Arbeit. Sind Sie während Ihrer Arbeitszeit produktiv und effizient? Machen Sie erhebliche Fortschritte in Richtung Ihrer Ziele? Qualitätsarbeit erfordert oft Ruhe- und Erholungsphasen.

3. Setzen Sie sich realistische Ziele:

Es ist wichtig, sich erreichbare Ziele zu setzen, die nicht erfordern, dass Sie ständig die Mitternachtsöle verbrennen. Teilen Sie Ihre Ziele in überschaubare Aufgaben auf und feiern Sie unterwegs kleine Erfolge.

Dieser Ansatz reduziert Stress und hält Sie motiviert.

4. Lernen Sie, Nein zu sagen:

Übermäßiges Engagement ist ein häufiges Merkmal derjenigen, die in der Hektikkultur verwurzelt sind. Lernen Sie, Nein zu Aufgaben und Verpflichtungen zu sagen, die nicht Ihren Prioritäten entsprechen. So gewinnen Sie Zeit für das, was Ihnen wirklich wichtig ist.

5. Gleichgewicht suchen:

- Balance bedeutet nicht, jeden Tag die gleiche Zeit für Arbeit und Freizeit zu haben. Es bedeutet, einen Rhythmus zu finden, der zu Ihnen passt, in dem Sie in Ihrer Karriere herausragende

Leistungen erbringen und gleichzeitig die private Zeit genießen können. Dieses Gleichgewicht kann von Tag zu Tag variieren, und das ist in Ordnung.

Umsetzung der Änderung.

Die Änderung Ihrer Denkweise ist kein Prozess über Nacht; es erfordert konsequente Anstrengung und Übung. Hier sind einige nützliche Empfehlungen, die Ihnen bei der Umsetzung dieser Änderungen helfen sollen:

Erstellen Sie einen ausgewogenen Zeitplan: Planen Sie Ihren Tag so, dass er Arbeit, Selbstfürsorge und Freizeitaktivitäten umfasst. Halten Sie sich so weit wie möglich an diesen Zeitplan, um sicherzustellen, dass Sie keinen Aspekt Ihres Lebens vernachlässigen.

Grenzen setzen: Legen Sie klare Grenzen zwischen beruflicher und privater Zeit fest. Vermeiden Sie es beispielsweise, geschäftliche E-Mails nach einer bestimmten Stunde oder am Wochenende zu lesen. Teilen Sie diese Grenzen Ihren Kollegen mit und respektieren Sie auch deren Grenzen.

Beschränken Sie soziale Medien:

Soziale Medien können die Hektikkultur-Mentalität befeuern. Begrenzen Sie Ihre Zeit auf diesen Plattformen und entfolgen Sie Konten, die einen unrealistischen, hektischen Lebensstil fördern. Folgen Sie stattdessen Konten, die zu Ausgeglichenheit und Wohlbefinden anregen.

DIE BEDEUTUNG VON RUHE UND SPIEL.

Ruhe und Spiel sind nicht nur etwas für Kinder; Sie sind wesentliche Bestandteile eines ausgeglichenen, erfüllten Lebens. Bei unserem Streben nach Produktivität übersehen wir oft, wie wichtig es ist, Pausen einzulegen und Spaß zu haben. Doch Ruhe und Spiel sind entscheidend für unser körperliches, geistiges und emotionales Wohlbefinden.

Ruhe und Spiel verstehen.

Zur Erholung gehört es, Pausen einzulegen, ausreichend Schlaf zu bekommen und Ihrem Körper und Geist die Möglichkeit zu geben, sich vom Alltagsstress zu erholen. Beim Spielen hingegen geht es darum, sich an Aktivitäten zu beteiligen, die Ihnen Freude bereiten und Ihre Kreativität anregen. Sowohl Ruhe als auch Spiel sind für die Aufrechterhaltung einer gesunden Balance zwischen Arbeit und Privatleben von entscheidender Bedeutung.

Die Wissenschaft hinter Ruhe und Spiel.

Zahlreiche Studien haben die Vorteile von Ruhe und Spiel gezeigt. Ausreichende Ruhe verbessert die kognitiven Funktionen, das Gedächtnis und die Stimmung und reduziert gleichzeitig Stress und das Burnout-Risiko. Spielen, das Hobbys, Sport oder kreative Aktivitäten umfassen kann, verbessert die Problemlösungsfähigkeiten, fördert Innovation und steigert das allgemeine Glücksgefühl.

Ändern Sie Ihre Denkweise.

Um die Bedeutung von Ruhe und Spiel voll und ganz zu erfassen, müssen Sie Ihre Denkweise ändern und ihren Wert erkennen.

Hier sind einige Schritte, die Ihnen bei dieser Änderung helfen sollen:

1. Erkennen Sie die Vorteile an:

Verstehen Sie, dass Ruhe und Spiel keine verschwendete Zeit sind; Sie sind für Ihr Wohlbefinden und Ihre Produktivität unerlässlich. Ein richtig ausgeruhter Geist ist kreativer und produktiver.

2. Priorisieren Sie den Schlaf:

Machen Sie Schlaf zu einem obligatorischen Teil Ihrer Routine. Streben Sie jede Nacht 7–9 Stunden guten Schlaf an. Schaffen Sie eine schlaffreundliche Umgebung und etablieren Sie eine Schlafenszeitroutine, die Ihnen beim Entspannen hilft.

3. Pausen einplanen:

Integrieren Sie regelmäßige Pausen in Ihren Arbeitstag. Kurze Pausen über den Tag verteilt können Ihre Produktivität steigern und einem Burnout vorbeugen.

4. Beteiligen Sie sich am Spiel:

Nehmen Sie sich Zeit für Hobbys, die Ihnen Freude und Vergnügen bereiten. Ob Sie Sport treiben, malen, im Garten arbeiten oder mit Ihren Haustieren spielen, diese Aktivitäten können Ihren Geist erfrischen und Ihre Stimmung verbessern.

5. Trennen, um die Verbindung wiederherzustellen:

Nehmen Sie sich die Zeit, sich von digitalen Geräten zu trennen und sich wieder mit sich selbst und Ihren Lieben zu verbinden. Digitale Entgiftungen können Stress reduzieren und Ihnen helfen, sich auf den gegenwärtigen Moment zu konzentrieren.

6. Üben Sie achtsame Ruhe:

Manchmal fühlen wir uns schuldig, weil wir uns ausruhen, weil wir denken, wir sollten etwas Produktives tun. Üben Sie Achtsamkeit, um Ihre Ruhezeiten ohne Schuldgefühle in vollen Zügen zu genießen. Konzentrieren Sie sich auf den gegenwärtigen Moment und die Vorteile des Ausruhens.

Umsetzung der Änderung.

Ruhe und Spiel in Ihr Leben zu integrieren, erfordert bewusste Anstrengung. Hier sind einige nützliche Tipps, die Sie bei diesen Änderungen unterstützen:

Schaffen Sie eine erholsame Umgebung:

Gestalten Sie Ihr Schlafzimmer so, dass Entspannung und Schlaf gefördert werden. Benutzen Sie bequeme Bettwäsche, halten Sie den Raum kühl und minimieren Sie Lärm und Licht. Erstellen Sie eine Abendroutine, die Ihrem Körper sagt, dass es Zeit ist, sich zu entspannen.

Spielplan:

Planen Sie Zeit für Spiel und Freizeitaktivitäten in Ihrem Kalender ein, genau wie Sie es für Arbeitsaufgaben tun würden. Betrachten Sie diese Zeiten als wichtige Termine, die Sie nicht verpassen dürfen.

Arbeitsgrenzen festlegen:

Verzichten Sie darauf, Arbeit in Ihre Freizeit zu integrieren. Setzen Sie Grenzen für Ihre Arbeitszeiten und halten Sie sich daran. Dies kann bedeuten, dass Sie Ihre E-Mails nach einer bestimmten Stunde nicht mehr abrufen oder an Wochenenden Arbeitsbenachrichtigungen deaktivieren.

Integrieren Sie Mikropausen:

Machen Sie während Ihres Arbeitstages kurze Pausen zum Entspannen und Erholen. Schon ein 5-minütiger Spaziergang oder eine Dehnübung kann einen großen Unterschied in Ihrem Energieniveau machen.

Entdecken Sie neue Hobbys:

Probieren Sie neue Hobbys und Aktivitäten aus, die Sie interessieren. Das Erkunden verschiedener Spielformen kann Ihnen dabei helfen, herauszufinden, was Ihnen wirklich Freude und Entspannung bringt.

Übe Selbstmitgefühl:

Seien Sie freundlich zu sich selbst, wenn Sie Schwierigkeiten haben, Pausen einzulegen oder Spaß zu haben. Denken Sie daran, dass Ruhe und Spiel für Ihr Wohlbefinden unerlässlich sind und es in Ordnung ist, ihnen Priorität einzuräumen.

Die Vorteile von Ruhe und Spiel.

Wenn Sie Ruhe und Spiel in den Vordergrund stellen, werden Sie in verschiedenen Bereichen Ihres Lebens deutliche Verbesserungen bemerken. Hier sind einige der positiven Änderungen, die Sie erwarten können:

Verbesserte Produktivität:

Regelmäßige Pausen können Ihre Produktivität steigern und Ihnen helfen, Ihre Ziele zu erreichen, ohne sich überfordert zu fühlen.

Bessere psychische Gesundheit:

Ruhe und Spiel reduzieren Stress und Ängste und verbessern Ihre allgemeine geistige Gesundheit. Die Teilnahme an unterhaltsamen Aktivitäten kann Ihre Stimmung heben und ein Erfolgserlebnis vermitteln.

Erhöhte Kreativität:

Spielen regt Ihre Kreativität und Problemlösungsfähigkeiten an. Sich Zeit für Hobbys und Freizeitaktivitäten zu nehmen, kann zu innovativen Ideen und Lösungen führen.

Stärkere Beziehungen:

Wenn Sie durch Spiel und Entspannung wertvolle Zeit mit Ihren Lieben verbringen, stärken Sie Ihre Beziehungen. Es ermöglicht Ihnen, sich auf einer tieferen Ebene zu verbinden und bleibende Erinnerungen zu schaffen.

Erhöhte Belastbarkeit:

Regelmäßige Ruhe und Spiele stärken Ihre Belastbarkeit und machen Sie besser für den Umgang mit Stress und Herausforderungen gerüstet. Wenn Sie ausgeruht sind und sich an angenehmen Aktivitäten beteiligen, ist es wahrscheinlicher, dass Sie sich von Rückschlägen erholen und Probleme mit einer positiven Einstellung angehen.

Größere Erfüllung:

Die Teilnahme an Aktivitäten, die Ihnen Freude und Entspannung bringen, führt zu einem erfüllteren Leben. Sie werden sich zufriedener und zufriedener fühlen, weil Sie wissen, dass Sie sich Zeit für das nehmen, was wirklich wichtig ist.

Work-Life-Integration:

Wenn Sie Ruhe und Spiel in Ihren Alltag integrieren, können Sie eine gesündere Work-Life-Balance erreichen. Sie können in Ihrer Karriere herausragende Leistungen erbringen und gleichzeitig Ihre Freizeit genießen, was zu einem harmonischeren Leben führt.

Überwindung von Hindernissen beim Ausruhen und Spielen.

Selbst mit den besten Absichten kann es eine Herausforderung sein, Ruhe und Spiel in den Alltag zu integrieren.

Möglicherweise stoßen Sie auf Hindernisse wie einen anspruchsvollen Arbeitsplan, den gesellschaftlichen Druck, beschäftigt zu bleiben, oder ein mangelndes Bewusstsein für die Bedeutung dieser Aktivitäten. Hier sind einige nützliche Strategien, die Ihnen helfen, diese Hindernisse zu überwinden:

1. Erkennen Sie die Anzeichen von Burnout:

Burnout äußert sich häufig in chronischer Müdigkeit, Reizbarkeit und mangelnder Motivation. Das Erkennen dieser Anzeichen kann Ihnen helfen zu verstehen, wie wichtig es ist, Pausen einzulegen und sich auf das Spiel einzulassen.

2. Gesellschaftliche Normen in Frage stellen:

Die Gesellschaft verherrlicht oft Geschäftigkeit und Produktivität. Stellen Sie diese Normen in Frage, indem Sie Ihr Wohlbefinden in den Vordergrund stellen und ein Vorbild für andere sein. Denken Sie daran: Es ist in Ordnung, sich auszuruhen und Spaß zu haben.

3. Informieren Sie sich und andere:

Erfahren Sie mehr über die Vorteile von Ruhe und Spiel und teilen Sie dieses Wissen mit Ihren Kollegen und Kollegen. Die Aufklärung anderer kann dazu beitragen, ein unterstützendes Umfeld zu schaffen, in dem jeder das Wohlbefinden schätzt und priorisiert.

4. Zeitmanagement üben:

Ein effektives Zeitmanagement kann Ihnen dabei helfen, Zeit zum Ausruhen und Spielen zu finden. Verwenden Sie Techniken wie Zeitblockierung oder das Setzen spezifischer

Ziele, um sicherzustellen, dass Sie Zeit für diese wichtigen Aktivitäten haben.

5. Schuldgefühle und Ängste ansprechen:

Wenn Sie sich schuldig fühlen oder Angst davor haben, Pausen einzulegen oder Spaß zu haben, üben Sie sich in Selbstmitgefühl und erinnern Sie sich an die Vorteile. Verstehen Sie, dass Ruhe und Spiel kein Genuss sind, sondern für ein ausgeglichenes Leben notwendig sind.

Integrieren Sie Ruhe und Spiel in Ihre Routine.

Damit Ausruhen und Spielen zu einem festen Bestandteil Ihres Lebens werden, ist es wichtig, sie in Ihren Alltag zu integrieren. Hier sind einige praktische Vorschläge, die Ihnen dabei helfen, dies zu erreichen:

Morgenroutine:

Beginnen Sie Ihren Tag mit Aktivitäten, die Entspannung und Freude fördern. Dies kann Meditation, leichte Übungen oder das Lesen eines Buches umfassen. Eine ruhige Morgenroutine gibt einen positiven Ton für den Rest des Tages vor.

Arbeitspausen:

Bauen Sie kurze Pausen in Ihren Arbeitstag ein. Stehen Sie auf, strecken Sie sich, machen Sie einen Spaziergang oder gehen Sie einem Hobby nach. Diese Pausen können Ihren Geist erfrischen und Ihre Produktivität steigern.

Abendliche Entspannung:

Erstellen Sie eine entspannende Abendroutine, die Ihnen hilft, nach einem anstrengenden Tag zu entspannen. Dazu kann es gehören, Musik zu hören, Achtsamkeit zu üben oder Zeit mit geliebten Menschen zu verbringen.

Wochenendaktivitäten:

Widmen Sie die Wochenenden Freizeitaktivitäten und Hobbys. Planen Sie Ausflüge, entdecken Sie neue Interessen und verbringen Sie schöne Zeit mit Familie und Freunden. Wochenenden sind eine ausgezeichnete Gelegenheit, neue Energie zu tanken.

Urlaub und Freizeit:

Nutzen Sie Ihre Urlaubstage und Freizeit, um sich auszuruhen und unterhaltsamen Aktivitäten nachzugehen. Reisen Sie, erkunden Sie neue Orte oder entspannen Sie einfach zu Hause. Eine Auszeit zu nehmen ist für Ihr allgemeines Wohlbefinden von entscheidender Bedeutung.

Abschluss.

Auf dem Weg, Ihr Leben von der Arbeit zurückzugewinnen, ist es von entscheidender Bedeutung, Ruhe und Spiel in den Vordergrund zu stellen. Indem Sie die hektische Kulturmentalität überwinden und die Bedeutung von Ruhe und Spiel anerkennen, können Sie ein ausgeglichenes, erfülltes Leben erreichen. Es geht nicht darum, weniger zu tun oder weniger produktiv zu sein; Es geht darum, intelligenter und nicht härter zu arbeiten und den Wert von Selbstfürsorge und Freude zu erkennen.

Denken Sie daran: Bei Erfolg geht es nicht nur um berufliche Erfolge. Es geht darum, ein Leben zu führen, das reich an Erfahrungen, Beziehungen und Freude ist. Indem Sie Ruhe und Spiel zu nicht verhandelbaren Bestandteilen Ihrer Routine machen, sind Sie besser auf die Herausforderungen des Lebens vorbereitet, kreativer in Ihren Unternehmungen und insgesamt glücklicher.

Beginnen Sie noch heute damit, kleine Änderungen an Ihrer Routine vorzunehmen. Machen Sie eine Pause, gehen Sie einem Hobby nach und nehmen Sie sich Zeit für Entspannung und Spaß. Ihr Geist, Ihr Körper und Ihre Seele werden es Ihnen danken und Sie werden feststellen, dass Sie nicht nur Ihr Leben von der Arbeit zurückgewinnen, sondern es wirklich in vollen Zügen genießen.

UNVOLLKOMMENHEIT ANNEHMEN.

Wenn wir darüber nachdenken, ein ausgeglichenes Leben zu erreichen, verfallen wir leicht in das Streben nach Perfektion. Wir stellen hohe Ansprüche an uns selbst und glauben, dass wir nur dann in der Lage sein werden, uns zu entspannen und das Leben wirklich zu genießen, wenn wir einen Zustand vollkommener Balance erreicht haben. Aber hier ist ein kleines Geheimnis: Perfektion ist unwirklich. Das Leben ist von Natur aus chaotisch und unvorhersehbar. Anstatt nach einem unerreichbaren Ideal zu streben, sollten wir die Kraft und den

Frieden erforschen, die aus der Akzeptanz der Unvollkommenheit resultieren.

Die Perfektionsfalle.

Viele von uns tappen in die Perfektionsfalle, ohne es überhaupt zu merken. Wir sehen es an unseren endlosen To-Do-Listen, unseren akribisch geplanten Zeitplänen und unserer ständigen Selbstkritik, wenn etwas nicht wie geplant läuft. Diese Denkweise kann sich besonders in unserem Arbeitsleben durchsetzen, wo oft der Druck besteht, fehlerfreie Leistungen zu erbringen und alle Erwartungen zu erfüllen.

Aber Perfektionismus kann lähmend sein. Es kann zu Burnout, Angstzuständen und einem Gefühl ständiger Unzufriedenheit führen. Wenn wir unvorstellbar hohe Maßstäbe an uns selbst stellen, bereiten wir uns auf ein Scheitern vor, weil das Leben einfach nicht perfekt funktioniert. Es wird immer unerwartete Herausforderungen, Planänderungen und Momente geben, in denen wir scheitern.

Anpassen der Denkweise.

Wie können wir also beginnen, die Unvollkommenheit anzunehmen? Es beginnt mit einer Änderung der Denkweise – einer bewussten Entscheidung, uns selbst und unser Leben so zu akzeptieren, wie es ist, und nicht so, wie wir denken, dass es sein sollte.

Wir passen unsere Denkweise an, indem wir:

1. Die menschliche Natur akzeptieren: Verstehe, dass Menschsein bedeutet, unvollkommen zu sein. Wir alle machen Fehler, wir alle haben Schwächen und wir alle erleben Misserfolge. Dies spiegelt nicht unseren Wert wider, sondern unsere Menschlichkeit. Indem wir dies akzeptieren, können wir beginnen, die unrealistischen Erwartungen, die wir an uns selbst stellen, loszulassen.

2. Reframing-Fehler: Betrachten Sie Misserfolge nicht als negativ, sondern als einen wertvollen Teil des Lernprozesses. Wenn wir das Scheitern akzeptieren, erlauben wir uns, Risiken einzugehen und Innovationen voranzutreiben, ohne befürchten zu müssen, zu kurz zu kommen.

3. Realistische Ziele setzen: Es ist wichtig, sich Ziele zu setzen, die anspruchsvoll und dennoch erreichbar sind. Teilen Sie große Aufgaben in kleinere, überschaubare Schritte auf und feiern Sie dabei Ihre Fortschritte.

4. Priorisieren, worauf es ankommt: Erkennen Sie, dass nicht alles Ihr Bestes erfordert. Identifizieren Sie die Bereiche in Ihrem Leben, die wirklich wichtig sind, und konzentrieren Sie Ihre Energie darauf. Es ist in Ordnung, die weniger wichtigen Aufgaben „gut genug" zu erledigen. Auf diese Weise können Sie Ihre Ressourcen effektiver einsetzen und vermeiden, sich zu sehr zu verzetteln.

5. Selbstmitgefühl: Behandeln Sie sich selbst mit der gleichen Freundlichkeit und dem gleichen Verständnis, die Sie einem Freund entgegenbringen würden. Wenn Sie einen Fehler machen oder zu kurz kommen, sprechen Sie mit Mitgefühl und nicht mit Kritik zu sich selbst. Denken Sie daran, dass Sie Ihr Bestes geben, und das ist genug.

Praktische Schritte zur Umarmung der Unvollkommenheit.

1. Achtsamkeit üben: Achtsamkeit kann Ihnen helfen, präsent zu bleiben und jeden Moment so zu akzeptieren, wie er kommt, ohne zu urteilen. Indem Sie ein achtsames Bewusstsein kultivieren, können Sie sich besser auf Ihre Gedanken und Gefühle einstellen und sind weniger dem Streben nach Perfektion verfallen.

2. Führen Sie ein Dankbarkeitstagebuch: Schreiben Sie jeden Tag drei Dinge auf, für die Sie dankbar sind. Diese Praxis kann Ihren Fokus von dem, was fehlt oder unvollkommen ist, auf das verlagern, was in Ihrem Leben reichlich und positiv ist.

3. Grenzen setzen: Lernen Sie, zu zusätzlichen Aufgaben oder Verpflichtungen, die Sie überfordern, Nein zu sagen. Indem Sie Grenzen setzen, können Sie Ihre Zeit und Energie schützen und sicherstellen, dass Sie genug für die Dinge haben, die wirklich wichtig sind.

4. Suchen Sie Unterstützung: Umgeben Sie sich mit unterstützenden Menschen, die Sie so verstehen und akzeptieren, wie Sie sind. Teilen Sie Ihre Kämpfe und Erfolge mit ihnen. Ihre Ermutigung kann Ihnen helfen, die Schönheit Ihrer Unvollkommenheiten zu erkennen.

DANKBARKEITS- UND POSITIVITÄTSPRAKTIKEN.

Bei unserem Streben nach einem ausgeglichenen Leben spielen Dankbarkeit und Positivität eine entscheidende Rolle. Diese Praktiken helfen uns, uns auf das zu konzentrieren, was gut läuft, das Gute in unserem Leben zu schätzen und eine Denkweise zu fördern, die Wohlbefinden und Belastbarkeit fördert. Lassen Sie uns untersuchen, wie die Kultivierung von Dankbarkeit und Positivität unser Leben verändern kann und praktische Schritte bereitstellen, um diese Praktiken in unsere täglichen Routinen zu integrieren.

Die Kraft der Dankbarkeit.

Dankbarkeit ist der Akt, die guten Dinge in unserem Leben anzuerkennen und dankbar zu sein. Es lenkt unseren Fokus von dem, was uns fehlt, auf das, was wir haben, und vermittelt ein Gefühl von Fülle und Zufriedenheit.

1. Vorteile für die psychische Gesundheit: Untersuchungen zeigen, dass Dankbarkeit die psychische Gesundheit verbessern kann, indem sie Stress reduziert, Glücksgefühle steigert und die allgemeine Lebenszufriedenheit verbessert. Wenn wir regelmäßig das Gute in unserem Leben anerkennen, trainieren wir unser Gehirn, nach positiven Erfahrungen zu suchen, und schaffen so eine optimistischere Einstellung.

2. Beziehungen stärken: Anderen gegenüber Dankbarkeit auszudrücken, stärkt unsere Beziehungen, indem es uns verbundener und einfühlsamer macht. Wenn wir anderen gegenüber Wertschätzung zeigen, stärkt das positives Verhalten und schafft Vertrauen und gegenseitigen Respekt.

3. Resilienzaufbau: Dankbarkeit hilft uns, unsere Widerstandsfähigkeit zu stärken, indem sie es uns ermöglicht, in schwierigen Situationen einen Lichtblick zu finden. Indem wir uns auch in schwierigen Zeiten auf das konzentrieren, wofür wir dankbar sind, können wir eine positive Einstellung bewahren und Widrigkeiten effektiver meistern.

Praktische Dankbarkeitspraktiken.

1. Tägliches Dankbarkeitstagebuch: Beginnen oder beenden Sie Ihren Tag, indem Sie drei Dinge aufschreiben, für die Sie dankbar sind. Sie können groß oder klein sein, von einem erfolgreichen Projekt bei der Arbeit bis hin zur Wärme der Sonne. Das Nachdenken über diese Momente kann Ihre Stimmung heben und eine positive Stimmung für den Tag schaffen.

2. Dankesbriefe: Schreiben Sie einen Brief an jemanden, der Ihr Leben maßgeblich beeinflusst hat. Drücken Sie Ihre Wertschätzung für ihre Unterstützung, Freundlichkeit oder ihren Einfluss aus. Überbringen Sie den Brief persönlich oder senden Sie ihn als herzliche Nachricht. Diese Übung kann Ihre Verbindungen vertiefen und Positivität verbreiten.

3. Dankbarkeitsglas: Bewahren Sie ein Glas an einem gut sichtbaren Ort auf und füllen Sie es die ganze Woche über mit Dankesnotizen. Wenn Sie etwas Positives erleben, schreiben Sie es auf und geben Sie es in das Glas. Lesen Sie am Ende der Woche die Notizen durch, um sich an die guten Dinge in Ihrem Leben zu erinnern.

4. Achtsame Wertschätzung: Nehmen Sie sich den ganzen Tag über Momente zum Innehalten und genießen Sie die

Umgebung. Ob es sich um die Schönheit der Natur, ein köstliches Essen oder eine freundliche Geste eines Fremden handelt, üben Sie, präsent zu sein und den Moment voll und ganz zu erleben.

Die Rolle der Positivität.

Positivität ist mehr als nur eine flüchtige Emotion; Es ist eine Denkweise, die unsere Erfahrungen und Interaktionen prägt. Indem wir Positivität kultivieren, können wir unser Wohlbefinden steigern, unsere Beziehungen verbessern und unsere allgemeine Lebenszufriedenheit steigern.

1. Positives Selbstgespräch: Unser innerer Dialog hat einen starken Einfluss darauf, wie wir uns selbst und unsere Fähigkeiten wahrnehmen. Bei positiven Selbstgesprächen geht es darum, negative Gedanken in Frage zu stellen und sie durch bejahende Aussagen zu ersetzen. Anstatt zum Beispiel zu sagen: „Ich kann das nicht", sagen Sie: „Ich bin fähig und werde mein Bestes geben."

2. Konzentrieren Sie sich auf Stärken: Konzentrieren Sie sich auf Ihre Stärken und Erfolge, anstatt sich auf Ihre Schwächen oder Misserfolge einzulassen. Egal wie klein Ihre Erfolge sind, seien Sie stolz auf sie und nutzen Sie sie als Motivation, weiterzumachen.

3. Umgeben Sie sich mit Positivität: Die Menschen, mit denen wir Zeit verbringen, können unsere Denkweise beeinflussen. Umgeben Sie sich mit positiven, unterstützenden Menschen, die Sie aufmuntern und inspirieren. Nehmen Sie an Aktivitäten teil, die Sie glücklich und erfüllt machen.

Praktische Positivitätspraktiken.

1. *Positive Affirmationen:* Beginnen Sie Ihren Tag mit positiven Affirmationen, die Ihr Selbstwertgefühl und Ihre Fähigkeiten stärken. Wiederholen Sie positive Aussagen wie „Ich bin zuversichtlich und fähig", „Ich verdiene Liebe und alles Gute" oder „Heute wird ein großartiger Tag."

2. *Visualisierung:* Verbringen Sie jeden Tag ein paar Minuten damit, Ihre Ziele und Träume zu visualisieren. Stellen Sie sich vor, Sie erreichen diese Ziele und erleben die Emotionen, die mit dem Erfolg einhergehen. Diese Praxis kann Ihre Motivation steigern und einen positiven mentalen Rahmen für die Verwirklichung Ihrer Ziele schaffen.

3. *Freundliche Taten:* Führen Sie zufällige Gesten der Freundlichkeit für andere durch. Es könnte so einfach sein, einem Kollegen ein Kompliment zu machen, einem Nachbarn zu helfen oder Ihre Zeit ehrenamtlich zur Verfügung zu stellen. Diese Handlungen verbreiten nicht nur Positivität, sondern steigern auch Ihr eigenes Gefühl von Glück und Erfüllung.

4. *Positiver Medienkonsum:* Achten Sie auf die Medien, die Sie konsumieren. Wählen Sie Inhalte, die Sie inspirieren und aufmuntern, egal ob es sich um Bücher, Podcasts oder Filme handelt. Begrenzen Sie den Kontakt mit schlechten Nachrichten oder Social-Media-Inhalten, die Ihnen Energie rauben.

Integrieren Sie Dankbarkeit und Positivität in Ihr Leben.

Um Dankbarkeit und Positivität zu einem festen Bestandteil Ihres Lebens zu machen, sollten Sie die folgenden Strategien in Betracht ziehen:

1. Erstellen Sie Routinepraktiken: Integrieren Sie Dankbarkeits- und Positivitätspraktiken in Ihren Alltag. Konsistenz ist der Schlüssel, um diese Praktiken gewohnheitsmäßig und wirkungsvoll zu machen.

2. Erinnerungen festlegen: Verwenden Sie Erinnerungen, um Sie dazu anzuregen, Dankbarkeit und Positivität zu üben. Stellen Sie Alarme auf Ihrem Telefon ein, platzieren Sie Haftnotizen in Ihrem Zuhause oder nutzen Sie Apps, die positives Denken fördern sollen.

3. Reflektieren und anpassen: Denken Sie regelmäßig über die Auswirkungen dieser Praktiken auf Ihr Leben nach. Passen Sie sie nach Bedarf an, um sie aktuell und relevant zu halten. Wenn eine Übung zur Routine wird, versuchen Sie, neue Techniken zu integrieren, um die Sache interessant zu halten.

4. Mit anderen teilen: Ermutigen Sie Freunde und Familie, sich Ihnen bei diesen Übungen anzuschließen. Der Austausch Ihrer Erfahrungen und die gegenseitige Unterstützung können den Nutzen steigern und eine kollektive positive Einstellung fördern.

Indem Sie Unvollkommenheit akzeptieren und Dankbarkeit und Positivität kultivieren, können Sie Ihre Denkweise ändern und ein ausgeglicheneres, erfüllteres Leben führen. Denken Sie daran, es geht nicht darum, Perfektion zu erreichen, sondern darum, die Reise wertzuschätzen und im gegenwärtigen Moment Freude zu finden. Während Sie Ihren Weg, das Leben von der Arbeit zurückzugewinnen, fortsetzen, werden Ihnen diese Veränderungen in der Denkweise als wirksame Werkzeuge zur Unterstützung Ihres Wohlbefindens und Ihres Glücks dienen.

Reflexionsfragen: Überwindung der Hektikkultur.

1. Wie hat sich die Hektikkultur auf Ihr Privat- und Berufsleben ausgewirkt? Gibt es bestimmte Bereiche, in denen Sie den Druck verspüren, ständig produktiv zu sein?

2. Welche Überzeugungen vertreten Sie in Bezug auf Erfolg und Produktivität? Nutzen diese Überzeugungen für Sie oder erzeugen Sie unnötigen Stress?

3. Wie definieren Sie einen erfolgreichen Tag? Basiert es ausschließlich auf Erfolgen oder beinhaltet es Momente der Ruhe und Freude?

4. Wie können Sie eine gesündere Work-Life-Balance schaffen, ohne sich wegen der Pausen schuldig zu fühlen?

Transformative Übungen:.

1. ***Absichtliche Ausfallzeit:*** Planen Sie jeden Tag mindestens eine Stunde absichtlicher Ausfallzeit ein. Nehmen Sie in dieser Zeit an Aktivitäten teil, die Sie entspannen und

regenerieren, wie zum Beispiel Lesen, Meditieren oder einfach einen Spaziergang in der Natur genießen.

2. *Digitale Entgiftung:* Legen Sie tagsüber bestimmte Zeiten fest, zu denen Sie die Verbindung zu digitalen Geräten trennen möchten. Nutzen Sie diese Zeit für Offline-Aktivitäten, die Ihnen Freude bereiten und den ständigen Drang, E-Mails oder soziale Medien zu checken, reduzieren.

Reflexionsfragen: Die Bedeutung von Ruhe und Spiel.

1. Wie oft legen Sie in Ihrem täglichen Leben Wert auf Ruhe und Spiel? Welche Hürden hindern Sie daran?

2. Welche Aktivitäten finden Sie am erholsamsten und regenerierendsten? Wie können Sie diese regelmäßiger in Ihre Routine integrieren?

3. Denken Sie an eine kürzliche Zeit zurück, in der Sie sich wirklich entspannt und verspielt gefühlt haben. Was hat dieses Erlebnis zu etwas Besonderem gemacht und wie können Sie es wiederholen?

4. Betrachten Sie Ruhe und Spiel als wesentliche Bestandteile eines ausgeglichenen Lebens oder betrachten Sie sie als Genuss? Wie kann man diese Perspektive ändern?

5. Wie signalisiert Ihr Körper, dass er Ruhe braucht? Gibt es körperliche oder emotionale Signale, die Sie oft ignorieren?

Transformative Übungen:

1. *Ruhetagebuch:* Führen Sie ein Tagebuch, um eine Woche lang Ihre Ruhegewohnheiten zu verfolgen. Beachten Sie, wie viel Schlaf Sie bekommen, wie ausgeruht Sie sich fühlen und welche Aktivitäten Ihnen beim Entspannen helfen. Nutzen Sie diese Informationen, um Muster zu erkennen und notwendige Anpassungen vorzunehmen.

2. *Kalender abspielen:* Erstellen Sie einen Wochenkalender, der Zeit für spielerische Aktivitäten enthält. Wählen Sie Aktivitäten, die Ihnen ein Gefühl von Freude und Freiheit vermitteln, z. B. Sport treiben, einem Hobby nachgehen oder Zeit mit Ihren Lieben verbringen.

3. *Erholsame Umgebung:* Gestalten Sie in Ihrem Zuhause einen Raum, der der Ruhe und Entspannung gewidmet ist. Füllen Sie es mit Dingen, die Ihnen beim Entspannen helfen, wie zum Beispiel bequemen Sitzgelegenheiten, sanfter Beleuchtung und beruhigenden Düften.

Reflexionsfragen: Unvollkommenheit annehmen.

1. In welchen Bereichen Ihres Lebens verspüren Sie den größten Druck, perfekt zu sein? Wie wirkt sich dieser Druck auf Ihr Wohlbefinden aus?

2. Können Sie sich an eine Zeit erinnern, in der die Akzeptanz der Unvollkommenheit zu einem positiven Ergebnis führte? Wie hat sich diese Erfahrung angefühlt?

3. Wie reagieren Sie normalerweise auf Fehler oder Misserfolge? Gibt es Möglichkeiten, in diesen Zeiten mitfühlender mit sich selbst umzugehen?

4. Wie sieht es in verschiedenen Bereichen Ihres Lebens aus, „gut genug" zu sein? Wie können Sie üben, diesen Standard zu akzeptieren?

Transformative Übungen:

1. Unvollkommene Handlung: Wählen Sie einen Bereich Ihres Lebens, in dem Sie oft nach Perfektion streben. Verpflichten Sie sich zum Handeln, ohne sich Gedanken über das Erreichen eines perfekten Ergebnisses machen zu müssen. Denken Sie über die Erfahrung nach und darüber, was Sie daraus gelernt haben.

2. Praxis des Selbstmitgefühls: Wenn Sie einen Fehler machen oder Ihre Erwartungen nicht erfüllen, üben Sie sich in Selbstmitgefühl. Schreiben Sie einen Brief an sich selbst, in dem Sie Verständnis und Freundlichkeit zum Ausdruck bringen, so wie Sie es auch einem Freund in der gleichen Situation tun würden.

3. Perfektion Detox: Wählen Sie eine Woche, um den Perfektionismus bewusst loszulassen. Erlauben Sie sich in dieser Zeit, Fehler zu machen, machen Sie Pausen und geben Sie Ihrem Wohlbefinden Vorrang vor einwandfreier Leistung. Denken Sie darüber nach, wie sich diese Entgiftung auf Ihr Stressniveau und Ihr allgemeines Glück auswirkt.

Reflexionsfragen: **_Dankbarkeits-_**   **_und Positivitätspraktiken._**

1. Wie oft praktizieren Sie Dankbarkeit in Ihrem täglichen Leben? Welche Hindernisse hindern Sie daran?

2. Können Sie drei Dinge identifizieren, für die Sie heute dankbar sind? Wie wirkt sich die Konzentration auf diese Dinge auf Ihre Stimmung und Einstellung aus?

3. Welche Rolle spielt Positivität für Ihr allgemeines Wohlbefinden? Gibt es bestimmte Praktiken, die Ihnen helfen, eine positive Einstellung zu bewahren?

4. Wie reagieren Sie auf negative Situationen oder Herausforderungen? Können Sie Wege finden, diese Erfahrungen aus einer positiven Perspektive neu zu gestalten?

Transformative Übungen:

1. Dankbarkeitsspaziergang: Machen Sie einen Spaziergang in der Natur und konzentrieren Sie sich auf die Dinge um Sie herum, für die Sie dankbar sind. Nehmen Sie die Schönheit Ihrer Umgebung, die frische Luft und die Ruhe wahr. Nutzen Sie diese Zeit, um sich zu zentrieren und Dankbarkeit zu entwickeln.

2. Positivitätsherausforderung: Nehmen Sie an einer 30-tägigen Positivitäts-Challenge teil. Beteiligen Sie sich jeden Tag an einer Aktivität, die Positivität fördert, z. B. das Schreiben eines Dankesbriefs, eine zufällige Geste der Freundlichkeit oder das Erzählen einer positiven Geschichte mit jemandem.

3. Dankbarkeits- und Positivitätstafel: Erstellen Sie eine visuelle Tafel voller Bilder, Zitate und Erinnerungen an Dinge, für die Sie dankbar sind und die Ihnen Freude bereiten.

Platzieren Sie es an einem Ort, den Sie täglich sehen können,
als ständige Erinnerung an das Gute in Ihrem Leben.

KAPITEL ZEHN.
LANGFRISTIGE STRATEGIEN FÜR EIN NACHHALTIGES GLEICHGEWICHT.

LANGFRISTIGE ZIELE SETZEN.

Um eine nachhaltige Work-Life-Balance zu erreichen, geht es nicht nur darum, sofortige Veränderungen vorzunehmen; Es geht auch darum, eine Vision für die Zukunft zu haben und langfristige Ziele zu setzen, die mit Ihren Werten und Bestrebungen übereinstimmen. Lassen Sie uns untersuchen, warum das Setzen langfristiger Ziele entscheidend ist und wie Sie diesen Prozess auf eine Weise angehen können, die sich motivierend und erreichbar anfühlt.

Warum langfristige Ziele wichtig sind.

Langfristige Ziele geben Richtung und Zweck vor. Sie geben Ihnen etwas, nach dem Sie über den Alltagstrott hinaus streben können, und helfen Ihnen, sich auf das Wesentliche zu konzentrieren. Ohne langfristige Ziele ist es leicht, sich auf die unmittelbaren Anforderungen von Arbeit und Leben einzulassen und den Blick für das große Ganze zu verlieren.

Klare, langfristige Ziele helfen Ihnen, Ihre Zeit und Energie zu priorisieren. Wenn Sie wissen, wo Sie in Zukunft sein möchten, können Sie jetzt fundiertere Entscheidungen darüber treffen, wie Sie Ihre Zeit verbringen. Diese Klarheit kann Stress reduzieren und Ihr allgemeines Gefühl der Erfüllung steigern.

So setzen Sie effektive langfristige Ziele.

1. Denken Sie über Ihre Werte und Leidenschaften nach: Überlegen Sie zunächst, was Ihnen wirklich wichtig ist. Was sind Ihre Grundwerte? Welche Aktivitäten und Beschäftigungen bereiten Ihnen Freude und Zufriedenheit? Wenn Sie Ihre langfristigen Ziele mit Ihren Werten in Einklang bringen, stellen Sie sicher, dass sie sinnvoll und motivierend sind.

2. Visualisieren Sie Ihre ideale Zukunft: Stellen Sie sich vor, wo Sie in fünf, zehn oder sogar zwanzig Jahren sein möchten. Berücksichtigen Sie verschiedene Aspekte Ihres Lebens, darunter Karriere, persönliche Beziehungen, Gesundheit und persönliches Wachstum. Die Visualisierung hilft Ihnen, ein lebendiges Bild Ihrer Ziele zu erstellen, sodass sie sich greifbarer und erreichbarer anfühlen.

3. Brechen Sie Ihre Ziele auf: Langfristige Ziele können überwältigend wirken, wenn man sie als eine große, weit entfernte Errungenschaft betrachtet. Teilen Sie sie in kleinere, überschaubare Meilensteine auf. Dieser Ansatz macht den Prozess überschaubarer und ermöglicht es Ihnen, Ihren Fortschritt im Laufe der Zeit zu verfolgen.

4. Schreiben Sie Ihre Ziele auf: Wenn Sie Ihre Ziele schriftlich festhalten, erhalten sie mehr Substanz. Es dient auch als Referenzpunkt, den Sie bei Bedarf erneut aufrufen und überarbeiten können. Bewahren Sie Ihre schriftlich niedergelegten Ziele an einem gut sichtbaren Ort auf, um sich daran zu erinnern, worauf Sie hinarbeiten.

5. Erstellen Sie einen Aktionsplan: Stellen Sie einen Schritt-für-Schritt-Plan zusammen, um Ihre Ziele zu erreichen. Beschreiben Sie die Maßnahmen, die Sie ergreifen müssen, die Ressourcen, die Sie benötigen, und alle potenziellen Hindernisse, auf die Sie stoßen könnten. Ein Aktionsplan bietet einen Fahrplan als Leitfaden für Ihre Bemühungen.

REGELMÄSSIGE CHECK-INS BEI IHNEN SELBST.

Das Setzen langfristiger Ziele ist ein guter Anfang, aber die Aufrechterhaltung einer nachhaltigen Work-Life-Balance erfordert ständige Selbsterkenntnis und regelmäßige Check-ins. Mit diesen Check-ins können Sie Ihre Fortschritte beurteilen, Ihre Erfolge feiern und alle notwendigen Anpassungen vornehmen, um auf dem richtigen Weg zu bleiben.

Warum regelmäßige Check-Ins wichtig sind.

Regelmäßige Check-ins helfen Ihnen, Verantwortung gegenüber sich selbst zu übernehmen. Sie bieten die Möglichkeit, über Ihre Maßnahmen nachzudenken, zu bewerten, was funktioniert, und Bereiche zu identifizieren, in denen Sie möglicherweise Änderungen vornehmen müssen. Dieser kontinuierliche Prozess hält Sie an Ihren Zielen fest und stellt sicher, dass Sie sich kontinuierlich auf ein ausgeglichenes und erfülltes Leben zubewegen.

So führen Sie effektive Check-Ins durch.

1. Planen Sie konsistente Check-ins: Legen Sie ein regelmäßiges Intervall für Ihre Check-ins fest, sei es wöchentlich, monatlich oder vierteljährlich. Um diese Praxis zur Gewohnheit zu machen, müssen Sie konsequent damit umgehen.

2. Erstellen Sie eine Check-in-Routine: Richten Sie eine Routine für Ihre Check-ins ein. Suchen Sie sich einen ruhigen, bequemen Ort, an dem Sie klar und ohne Unterbrechungen denken können. Erwägen Sie die Verwendung eines Tagebuchs, um Ihre Gedanken und Erkenntnisse zu dokumentieren.

3. Überprüfen Sie Ihre Ziele: Beginnen Sie jeden Check-in damit, Ihre langfristigen Ziele noch einmal zu überdenken. Denken Sie über Ihre Fortschritte nach und beurteilen Sie, ob Sie auf dem richtigen Weg sind, diese zu erreichen. Feiern Sie alle Meilensteine, die Sie erreicht haben, und würdigen Sie die Mühe, die Sie unternommen haben.

4. Bewerten Sie Ihre Aktionen: Berücksichtigen Sie die Maßnahmen, die Sie seit Ihrem letzten Check-in ergriffen haben. Sind sie auf Ihre Ziele abgestimmt? Sind Sie auf Hindernisse oder Herausforderungen gestoßen? Wenn Sie über Ihre Handlungen nachdenken, können Sie erkennen, was funktioniert und was möglicherweise geändert werden muss.

5. Bewerten Sie Ihr Wohlbefinden: Bewerten Sie Ihr allgemeines Wohlbefinden, einschließlich körperlicher, geistiger und emotionaler Gesundheit. Halten Sie die Balance zwischen Beruf und Privatleben? Gibt es Bereiche, in denen Sie sich gestresst oder überfordert fühlen? Durch die Beantwortung dieser Fragen stellen Sie sicher, dass die Verfolgung langfristiger Ziele nicht auf Kosten Ihres Wohlbefindens geht.

6. *Passen Sie Ihre Pläne an:* Nehmen Sie auf der Grundlage Ihrer Überlegungen gegebenenfalls notwendige Anpassungen an Ihrem Aktionsplan vor. Dies kann bedeuten, dass Sie Ihre Ziele überarbeiten, Ihren Ansatz ändern oder zusätzliche Unterstützung suchen. Flexibilität ist wichtig, um anpassungsfähig und belastbar zu bleiben.

7. *Setzen Sie sich kurzfristige Ziele:* Nutzen Sie Ihre Check-ins, um kurzfristige Ziele festzulegen, die Sie Ihren langfristigen Zielen näher bringen. Diese kleineren Ziele sorgen für sofortige Konzentration und Motivation und machen die Reise leichter zu bewältigen.

ANPASSUNG AN LEBENSVERÄNDERUNGEN.

Bei der Schaffung einer nachhaltigen Work-Life-Balance geht es nicht darum, jeden Tag ein perfektes Gleichgewicht zu erreichen, sondern vielmehr darum, langfristige Strategien zu entwickeln, die es Ihnen ermöglichen, sich an die unvermeidlichen Veränderungen im Leben anzupassen und Ihre Fortschritte auf dem Weg zu feiern.

Das Leben entwickelt sich ständig weiter und bringt neue Herausforderungen und Chancen mit sich. Ob es sich um eine Veränderung in Ihrer Karriere, Ihrer Familiendynamik, Ihrer Gesundheit oder Ihren persönlichen Interessen handelt, die Anpassung an diese Veränderungen ist entscheidend für die

Aufrechterhaltung einer nachhaltigen Work-Life-Balance. Sehen wir uns an, wie Sie diese Veränderungen effektiv bewältigen und das Gleichgewicht wahren können.

1. Flexibilität nutzen:

Flexibilität ist der Schlüssel zur Anpassung an die Veränderungen im Leben. Ein starrer Ansatz zur Vereinbarkeit von Beruf und Privatleben kann bei unerwarteten Ereignissen zu Frustration und Burnout führen. Durch die Flexibilität können Sie Ihre Routine und Prioritäten nach Bedarf anpassen.

Strategien für Flexibilität

1. Pufferzeiten erstellen: Bauen Sie Pufferzeiten in Ihren Zeitplan ein, um unerwartete Aufgaben oder Notfälle zu bewältigen. So vermeiden Sie, dass Ihr Tag überlastet wird, und Sie haben den Raum, Überraschungen stressfrei zu bewältigen.

2. Prioritäten setzen: Identifizieren Sie jeden Tag Ihre obersten Prioritäten. Dadurch wird sichergestellt, dass auch bei Änderungen Ihres Zeitplans die wichtigsten Aufgaben weiterhin erledigt werden. Das Setzen von Prioritäten hilft dabei, die Aufmerksamkeit auf die wichtigen Dinge zu lenken.

3. Bleiben Sie aufgeschlossen: Seien Sie offen für neue Möglichkeiten und Veränderungen. Manchmal können unerwartete Veränderungen zu neuen und aufregenden Möglichkeiten führen. Eine aufgeschlossene Haltung kann Herausforderungen in Wachstumschancen verwandeln.

4. Achtsamkeit üben: Achtsamkeit hilft Ihnen, präsent und anpassungsfähig zu bleiben. Indem Sie sich auf den gegenwärtigen Moment konzentrieren, können Sie besser mit Veränderungen umgehen und durchdachte Entscheidungen treffen. Regelmäßige Achtsamkeitsübungen können Ihre Fähigkeit verbessern, ruhig und flexibel zu bleiben.

2. Regelmäßige Selbstreflexion:

Eine regelmäßige Reflexion Ihrer aktuellen Situation und Ihrer Work-Life-Balance kann Ihnen dabei helfen, auf dem richtigen Weg zu bleiben und notwendige Anpassungen vorzunehmen. Durch Selbstreflexion können Sie Ihre Fortschritte bewerten, Verbesserungsmöglichkeiten identifizieren und Ihre Erfolge feiern.

Selbstreflexionspraktiken.

1. Täglicher Check-in: Nehmen Sie sich jeden Tag ein paar Minuten Zeit, um über Ihre Erfolge und Herausforderungen nachzudenken. Fragen Sie sich, was gut gelaufen ist und was verbessert werden könnte. Tägliche Check-ins helfen Ihnen, über Ihre Fortschritte auf dem Laufenden zu bleiben und den Fokus zu behalten.

2. Wöchentliche Rezensionen: Überprüfen Sie am Ende jeder Woche Ihren Zeitplan und Ihre Ziele. Bewerten Sie Ihre Fortschritte und nehmen Sie Anpassungen für die kommende Woche vor. Wöchentliche Überprüfungen bieten einen umfassenderen Überblick über Ihr Gleichgewicht und helfen Ihnen, Ihre Ziele im Auge zu behalten.

3. *Monatliche Bewertungen:* Führen Sie einmal im Monat eine eingehendere Überprüfung Ihrer Work-Life-Balance durch. Bewerten Sie Ihre langfristigen Ziele und stellen Sie fest, ob Änderungen erforderlich sind, um diese im Einklang zu halten. Monatliche Beurteilungen helfen Ihnen, Ihrer Vision treu zu bleiben.

3. Resilienz entwickeln:

Resilienz ist die Fähigkeit, sich von Rückschlägen zu erholen und sich an Veränderungen anzupassen. Es ist eine entscheidende Fähigkeit für die Aufrechterhaltung einer nachhaltigen Work-Life-Balance. Der Aufbau von Resilienz hilft Ihnen, die Höhen und Tiefen des Lebens mit Zuversicht und Anmut zu meistern.

Strategien zum Aufbau von Resilienz.

1. *Bleiben Sie positiv:* Konzentrieren Sie sich auf positive Aspekte Ihres Lebens und Ihrer Arbeit. Diese Denkweise hilft Ihnen, Herausforderungen effektiver zu meistern. Eine positive Einstellung zu pflegen kann Ihre Belastbarkeit und Ihr allgemeines Wohlbefinden steigern.

2. *Lernen Sie aus Erfahrungen:* Betrachten Sie Rückschläge als Lernchancen. Überlegen Sie, was Sie verbessern können und wie Sie ähnliche Situationen in Zukunft besser meistern können. Das Lernen aus Erfahrungen hilft Ihnen, stärker und anpassungsfähiger zu werden.

3. Suchen Sie Unterstützung: Verlassen Sie sich in schwierigen Zeiten auf Ihr Unterstützungssystem. Ob Familie, Freunde oder Kollegen: Ein starkes Netzwerk kann emotionale und praktische Unterstützung bieten. Der Aufbau und die Pflege von Beziehungen ist für die Resilienz von entscheidender Bedeutung.

4. Üben Sie Selbstfürsorge: Priorisieren Sie die Selbstfürsorge, um Ihre körperliche und geistige Gesundheit zu erhalten. Regelmäßige Bewegung, gesunde Ernährung, ausreichend Schlaf und Entspannungstechniken können Ihre Widerstandskraft stärken. Selbstfürsorge ist ein wesentlicher Bestandteil, um ausgeglichen und anpassungsfähig zu bleiben.

4. Veränderungen im Leben antizipieren:

Einige Veränderungen im Leben sind vorhersehbar, wie etwa Alterung, berufliche Veränderungen oder Familienwachstum. Wenn Sie diese Veränderungen vorhersehen, können Sie Ihre Work-Life-Balance proaktiv vorbereiten und anpassen. Durch vorausschauende Planung können Sie Übergänge reibungslos meistern und das Gleichgewicht wahren.

Planung für vorhersehbare Änderungen:

1. _Karriereübergänge:_ Wenn Sie eine berufliche Veränderung oder einen Aufstieg planen, überlegen Sie, wie sich dies auf Ihre Work-Life-Balance auswirkt. Bereiten Sie sich vor, indem Sie Ihre Fähigkeiten auf den neuesten Stand bringen und Ihren Karriereweg planen. Die proaktive Bewältigung von Karriereübergängen hilft Ihnen, ausgeglichen und konzentriert zu bleiben.

2. _Familienveränderungen:_ Unabhängig davon, ob Sie vorhaben, eine Familie zu gründen, oder ob Ihre Kinder erwachsen werden, sollten Sie vorhersehen, wie sich diese Veränderungen auf Ihren Tagesablauf und Ihre Verantwortlichkeiten auswirken werden. Eine Anpassung Ihres Zeitplans und die Suche nach Unterstützung können Ihnen helfen, familiäre Übergänge effektiv zu bewältigen.

3. _Gesundheit und Wohlbefinden:_ Geben Sie Ihrer Gesundheit und Ihrem Wohlbefinden Priorität, indem Sie regelmäßige Bewegung, gesunde Ernährung und Vorsorge in Ihre Routine integrieren. Das Vorhersehen gesundheitlicher Bedürfnisse kann Ihnen dabei helfen, langfristig ausgeglichen zu bleiben. Regelmäßige Kontrolluntersuchungen und ein proaktiver Umgang mit der Gesundheit können zukünftige Störungen verhindern.

4. _Persönliches Wachstum:_ Planen Sie persönliches Wachstum und Entwicklung. Ganz gleich, ob Sie einem neuen Hobby nachgehen, sich weiterbilden oder sich weiterbilden möchten: Wenn Sie persönliches Wachstum in Ihre langfristigen Pläne integrieren, bleiben Sie erfüllt und ausgeglichen.

FEIERN SIE IHRE SIEGE.

Die Anerkennung und das Feiern Ihrer Erfolge ist für die Aufrechterhaltung der Motivation und einer positiven Einstellung von entscheidender Bedeutung. Das Feiern großer und kleiner Erfolge stärkt Ihr Engagement für die Work-Life-Balance und hilft Ihnen, auf dem richtigen Weg zu bleiben.

Erfolge anerkennen

Die Anerkennung Ihrer Erfolge, egal wie gering sie auch erscheinen mögen, kann Ihre Moral stärken und Sie dazu ermutigen, weiterhin nach Ausgeglichenheit zu streben. Das Feiern Ihrer Fortschritte fördert das Erfolgserlebnis und stärkt positive Verhaltensweisen.

Möglichkeiten zur Anerkennung von Leistungen:

1. *Tägliche Bestätigung:* Nehmen Sie sich am Ende eines jeden Tages einen Moment Zeit, um anzuerkennen, was Sie erreicht haben. Dies kann so einfach sein wie das Aufschreiben von drei Dingen, die Sie gut gemacht haben. Tägliche Anerkennung hilft Ihnen, positiv und motiviert zu bleiben.

2. *Meilensteinfeiern:* Setzen Sie Meilensteine für Ihre langfristigen Ziele und feiern Sie, wenn Sie diese erreicht haben. Das kann sein, ein Projekt abzuschließen, einen Monat lang an einer neuen Gewohnheit festzuhalten oder ein persönliches Ziel zu erreichen. Das Feiern von Meilensteinen stärkt Ihr Engagement und Ihren Fortschritt.

3. Teilen Sie Ihren Erfolg: Teilen Sie Ihre Erfolge mit Freunden, Familie oder Kollegen. Gemeinsames Feiern kann das Erfolgserlebnis steigern und zusätzlichen Mut machen. Das Teilen von Erfolgen baut eine unterstützende Gemeinschaft auf und stärkt Beziehungen.

Erstellen eines Belohnungssystems

Die Einrichtung eines Belohnungssystems für sich selbst kann den Prozess der Aufrechterhaltung der Work-Life-Balance angenehmer und motivierender machen. Belohnungen sorgen für positive Verstärkung und sorgen dafür, dass Sie sich auf Ihre Ziele konzentrieren können.

Entwerfen eines Belohnungssystems:

1. Belohnungen identifizieren: Wählen Sie Belohnungen, die für Sie sinnvoll und angenehm sind. Dabei kann es sich um einen entspannten freien Tag, eine Lieblingsspeise oder eine besondere Aktivität handeln. Die Personalisierung von Belohnungen macht sie motivierender und angenehmer.

2. Kriterien festlegen: Legen Sie die Kriterien für den Erhalt von Belohnungen fest. Dies kann das Erledigen einer bestimmten Aufgabe, das Erreichen eines Meilensteins oder das Beibehalten einer neuen Gewohnheit für einen bestimmten Zeitraum sein. Klare Kriterien sorgen für Struktur und Klarheit in Ihrem Belohnungssystem.

3. Feiern Sie regelmäßig: Machen Sie das Feiern zu einem festen Bestandteil Ihrer Routine. Regelmäßige Belohnungen halten Sie motiviert und erinnern Sie an Ihre Fortschritte. Regelmäßige Feiern stärken positive Verhaltensweisen und erhalten die Motivation.

Selbstfürsorge und Feiern in Einklang bringen

Das Feiern Ihrer Siege ist ein wichtiger Aspekt der Selbstfürsorge. Die Balance zwischen Selbstfürsorge und Feiern hilft Ihnen, auf Ihrem Weg zu einer nachhaltigen Work-Life-Balance energiegeladen und motiviert zu bleiben.

Integration von Selbstfürsorge und Feiern

1. Aktivitäten zur Selbstfürsorge: Planen Sie Aktivitäten zur Selbstfürsorge, die auch als Feierlichkeiten dienen. Das kann ein Spa-Tag, ein entspannendes Bad oder ein Lieblingshobby sein. Durch die Kombination von Selbstfürsorge und Feiern stellen Sie sicher, dass Ihr Wohlbefinden oberste Priorität hat.

2. Achtsame Feiern: Üben Sie Achtsamkeit während Ihrer Feierlichkeiten. Seien Sie ganz präsent, genießen Sie den Moment und schätzen Sie die Anstrengung und die Fortschritte, die Sie gemacht haben. Achtsame Feiern steigern Ihren Genuss und verstärken positive Erlebnisse.

3. Ausgewogener Genuss: Gönnen Sie sich etwas, ohne sich zu sehr zu verwöhnen. Bringen Sie Feste mit gesunden Gewohnheiten in Einklang, um Ihr allgemeines Wohlbefinden zu erhalten. Ausgewogener Genuss sorgt dafür, dass Sie belohnt werden, ohne Ihre Gesundheit zu gefährden.

Denken Sie auf Ihrem weiteren Weg zu einer nachhaltigen Work-Life-Balance daran, dass es nicht um Perfektion, sondern um Fortschritt geht. Feiern Sie Ihre Erfolge, lernen Sie aus Ihren Herausforderungen und bleiben Sie Ihren Zielen treu. Mit Absicht und Anstrengung können Sie ein erfülltes, ausgeglichenes und einzigartiges Leben schaffen.

Praktische Übungen für langfristiges Gleichgewicht

Um Ihnen bei der Umsetzung dieser langfristigen Strategien zu helfen, finden Sie hier einige praktische Übungen, die Sie in Ihre Routine integrieren können:

1. Zielsetzungsübung: Schreiben Sie Ihre langfristigen Ziele für die Work-Life-Balance auf. Teilen Sie sie in kleinere, umsetzbare Schritte auf und legen Sie für jeden Schritt Fristen fest. Überprüfen und passen Sie Ihre Ziele regelmäßig an, um auf dem richtigen Weg zu bleiben.

2. Flexibilitätspraxis: Identifizieren Sie einen Bereich in Ihrem Leben, in dem Sie mehr Flexibilität üben können. Experimentieren Sie mit verschiedenen Ansätzen und reflektieren Sie die Ergebnisse. Diese Übung hilft Ihnen, eine flexible Denkweise zu entwickeln.

3. Einchecken des Support-Systems: Planen Sie regelmäßige Check-ins mit Ihrem Support-Netzwerk. Besprechen Sie Ihre Fortschritte, Herausforderungen und wie Sie sich gegenseitig unterstützen können. Der Aufbau starker Verbindungen stärkt Ihr Unterstützungssystem.

4. Dankbarkeitstagebuch: Führen Sie ein Dankbarkeitstagebuch und schreiben Sie jeden Tag drei Dinge auf, für die Sie dankbar sind. Das Nachdenken über positive Aspekte Ihres Lebens steigert Ihr allgemeines Wohlbefinden und stärkt eine positive Einstellung.

5. Plan zur Meilensteinfeier: Planen Sie, wie Sie feiern, wenn Sie bestimmte Meilensteine auf Ihrem Weg zur Work-Life-Balance erreichen. Wenn Sie einen Feierplan haben, bleiben Sie motiviert und freuen sich über Ihre Fortschritte.

Indem Sie diese Übungen in Ihre Routine integrieren, können Sie Ihr Engagement für ein langfristiges Gleichgewicht stärken und bedeutende Fortschritte auf dem Weg zu einem nachhaltigen, erfüllten Leben machen. Denken Sie daran: Balance ist eine Reise, kein Ziel. Bleiben Sie geduldig, bleiben Sie positiv und genießen Sie den Weg, Ihr Leben von der Arbeit zurückzugewinnen.

Reflexionsfragen: Langfristige Ziele setzen.

1. Was sind Ihre langfristigen Ziele für die Vereinbarkeit von Beruf und Privatleben?

Denken Sie darüber nach, welche Vision Sie für Ihre Zukunft im Hinblick auf die Vereinbarkeit von Beruf und Privatleben haben. Welche konkreten Ergebnisse wünschen Sie sich?

2. Wie unterstützen oder behindern Ihre aktuellen Gewohnheiten und Routinen Ihre langfristigen Ziele?

Denken Sie darüber nach, wie Ihr tägliches Handeln mit Ihren langfristigen Zielen in Einklang steht. Gibt es Gewohnheiten, die Sie ändern oder entwickeln müssen?

3. Welche Ressourcen und Unterstützungssysteme benötigen Sie, um Ihre langfristigen Ziele zu erreichen?

Denken Sie über die Tools, das Wissen und die Menschen nach, die Ihnen beim Erreichen Ihrer Ziele helfen können. Wie können Sie diese Ressourcen nutzen?

Transformative Übungen:

1. Zielzuordnung:

Erstellen Sie eine detaillierte Karte Ihrer langfristigen Ziele. Teilen Sie sie in kleinere, überschaubare Schritte auf und legen Sie Fristen für jeden Meilenstein fest. Visualisieren Sie Ihren Weg zum Erfolg.

2. Zukünftiger Selbstbrief:

Schreiben Sie einen Brief an Ihr zukünftiges Ich, in dem Sie Ihre Ziele und die Veränderungen, die Sie in Ihrem Leben sehen möchten, detailliert beschreiben. Lesen Sie diesen Brief regelmäßig, um sich an Ihre langfristige Vision zu erinnern.

Reflexionsfragen: Regelmäßige Check-Ins mit sich selbst.

1. Wie oft nehmen Sie sich die Zeit, über Ihre Work-Life-Balance nachzudenken?

Denken Sie über die Häufigkeit und Qualität Ihrer Selbsteinschätzungen nach. Kontrollieren Sie konsequent mit sich selbst?

2. Welche Fragen stellen Sie sich bei diesen Check-ins?

Überlegen Sie, welche Arten von Fragen Ihnen dabei helfen, Ihren Fortschritt und Ihr Wohlbefinden zu bewerten. Schaffen sie wirksam Klarheit?

3. Wie fühlst du dich nach einem regelmäßigen Check-in mit dir selbst?

Denken Sie über die Emotionen und Erkenntnisse nach, die Sie erleben, nachdem Sie sich die Zeit zur Selbsteinschätzung genommen haben. Wie wirkt es sich auf Ihre Motivation und Ausrichtung aus?

4. Welche Veränderungen haben Sie aufgrund Ihrer Selbsteinschätzung vorgenommen?

Denken Sie über die Anpassungen nach, die Sie vorgenommen haben, nachdem Sie über Ihre Work-Life-Balance nachgedacht haben. Waren diese Änderungen von Vorteil?

Transformative Übungen:

1. Selbstreflexionsjournal:

Starten Sie ein Selbstreflexionstagebuch, in dem Sie Ihre Gedanken, Gefühle und Fortschritte bei der Work-Life-Balance aufzeichnen. Planen Sie regelmäßige Zeiten für das Journaling ein, z. B. wöchentlich oder monatlich.

2. Achtsamkeitsmeditation:

Integrieren Sie Achtsamkeitsmeditation in Ihre Routine, um die Selbstwahrnehmung zu verbessern. Nutzen Sie diese Übung, um Ihre Gedanken, Gefühle und körperlichen Empfindungen zu überprüfen.

Reflexionsfragen: Anpassung an Lebensveränderungen

1. Wie reagieren Sie normalerweise auf bedeutende Veränderungen in Ihrem Leben?

Denken Sie über Ihre natürlichen Reaktionen auf wichtige Lebensereignisse und Übergänge nach. Sind Sie anpassungsfähig oder resistent gegen Veränderungen?

2. Welche jüngsten Veränderungen in Ihrem Leben haben sich auf Ihre Work-Life-Balance ausgewirkt?

Bedenken Sie die Ereignisse oder Übergänge, die Ihre Routine gestört haben. Wie haben sie sich auf Ihre Fähigkeit, das Gleichgewicht zu halten, ausgewirkt?

3. Mit welchen Strategien haben Sie sich an diese Veränderungen angepasst?

Denken Sie über die Bewältigungsmechanismen und Anpassungen nach, die Sie angewendet haben. Welche Strategien waren wirksam?

4. Wie können Sie sich besser auf zukünftige Veränderungen vorbereiten?

Denken Sie über die Schritte nach, die Sie unternehmen können, um widerstandsfähiger und anpassungsfähiger zu werden. Welche proaktiven Maßnahmen können Sie umsetzen?

Transformative Übungen:

1. Change-Management-Plan:

Entwickeln Sie einen Change-Management-Plan für mögliche zukünftige Störungen. Beschreiben Sie Schritte, die Sie unternehmen können, um sich schnell anzupassen und das Gleichgewicht zu wahren.

2. Übung zur reflektierenden Anpassung:

Denken Sie über eine vergangene Lebensveränderung nach und darüber, wie Sie sich daran angepasst haben. Schreiben Sie die gewonnenen Erkenntnisse auf und wie Sie sie auf zukünftige Situationen anwenden können.

Reflexionsfragen: Feiern Sie Ihre Siege.

1. Wie oft nehmen Sie sich die Zeit, Ihre großen oder kleinen Erfolge zu feiern?

Denken Sie über Ihre Gewohnheiten nach, Ihre Erfolge anzuerkennen und zu feiern. Machen Sie schnell weiter, ohne Ihre Bemühungen anzuerkennen?

2. Wie wirkt sich das Feiern Ihrer Siege auf Ihre Motivation und Moral aus?

Denken Sie über die Auswirkungen des Feierns auf Ihr allgemeines Wohlbefinden und Ihren Antrieb nach. Ermutigt es Sie, weiterzumachen und das Gleichgewicht zu bewahren?

3. Was hindert Sie daran, Ihre Erfolge häufiger zu feiern?

Denken Sie über die Hindernisse nach, die Sie davon abhalten, sich die Zeit zu nehmen, Ihre Erfolge anzuerkennen. Sind diese Barrieren intern, wie zum Beispiel Selbstkritik, oder extern, wie zum Beispiel Zeitmangel?

Transformative Übungen:

1. Glas gewinnen:

Starten Sie ein Gewinnglas, indem Sie Ihre Erfolge auf Zettel schreiben und diese in ein Glas legen. Lesen Sie sie am Ende jedes Monats durch und feiern Sie Ihre Fortschritte.

2. Feierritual:

Entwickeln Sie ein persönliches Festritual, das Sie immer dann durchführen, wenn Sie ein Ziel erreichen. Das kann sein, dass Sie sich etwas Besonderes gönnen, sich einen Tag frei nehmen oder einer Aktivität nachgehen, die Sie lieben.

3. Leistungsreflexion:

Nehmen Sie sich jede Woche Zeit, um über das Erreichte nachzudenken. Schreiben Sie Ihre Erfolge in ein Tagebuch und notieren Sie, wie sie zu Ihren langfristigen Zielen beitragen.

ABSCHLUSS.
NACHDENKEN ÜBER IHRE REISE.

Am Ende dieses Buches ist es an der Zeit, innezuhalten und über die Reise nachzudenken, die wir gemeinsam unternommen haben. Denken Sie an den Anfang zurück, als Sie dieses Buch zum ersten Mal in die Hand genommen haben. Was hat Sie dazu bewogen, mit der Lektüre darüber zu beginnen, wie Sie Ihr Leben von der Arbeit zurückgewinnen können? War es ein Gefühl der Überforderung, ein Wunsch nach mehr Ausgeglichenheit oder vielleicht ein Anstoß von jemandem, dem Sie am Herzen liegen? Was auch immer Sie hierher geführt hat, es lohnt sich, den Mut anzuerkennen, den es erforderte, diese Reise anzutreten.

In diesen Kapiteln haben wir verschiedene Facetten der Work-Life-Balance untersucht und uns mit praktischen Tipps und Strategien befasst, die Ihnen helfen sollen, die Kontrolle über Ihre Zeit und Energie zurückzugewinnen. Wir haben darüber gesprochen, wie Sie Ihren Tag aufteilen, Lücken finden und einen Zeitplan erstellen, der zu Ihnen passt. Sie haben die Pomodoro-Technik und andere Hacks kennengelernt, um die Produktivität zu steigern und Unterbrechungen elegant zu bewältigen. Wir haben darüber gesprochen, wie wichtig es ist, Grenzen zu setzen, den Stecker zu ziehen und ohne Schuldgefühle Nein zu sagen. Sie haben die Grundlagen der körperlichen und geistigen Selbstfürsorge und die entscheidende Rolle eines Unterstützungssystems in Ihrem Leben erkundet.

Nehmen Sie sich nun einen Moment Zeit, um darüber nachzudenken, was Sie gelernt haben und wie Sie diese Erkenntnisse auf Ihr Leben angewendet haben. Haben Sie Veränderungen in Ihrem Alltag bemerkt? Sind Sie bewusster darüber, wie Sie Ihre Zeit verbringen? Haben Sie bei der Arbeit klarere Grenzen gesetzt und fühlen Sie sich bei Ihren Lieben präsenter? Denken Sie über diese Fragen nach und erkennen Sie die Fortschritte an, die Sie gemacht haben, egal wie klein sie sind. Jeder Schritt vorwärts ist ein Sieg bei der Rückeroberung Ihres Lebens.

WIR WACHSEN WEITER UND ENTWICKELN UNS WEITER.

Ihre Reise endet hier nicht. Tatsächlich ist dies erst der Anfang. Das Erreichen eines ausgeglichenen Lebens ist kein einmaliges Ereignis, sondern ein fortlaufender Prozess, der kontinuierliches Wachstum und Anpassung erfordert. Das Leben ist dynamisch und wenn Sie auf neue Herausforderungen und Chancen stoßen, muss sich Ihr Ansatz zur Work-Life-Balance weiterentwickeln.

Eine der wichtigsten Erkenntnisse aus diesem Buch ist die Bedeutung regelmäßiger Selbstreflexion. Machen Sie es sich zur Gewohnheit, regelmäßig bei sich selbst vorbeizuschauen. Fragen Sie sich, wie Sie sich fühlen, welche Bereiche Ihres

Lebens mehr Aufmerksamkeit benötigen und welche Anpassungen Sie vornehmen können, um auf dem richtigen Weg zu bleiben. Wachstum entsteht durch diesen fortlaufenden Prozess der Selbsterkenntnis und Kurskorrektur.

Es ist auch wichtig, offen zu bleiben, Neues zu lernen und auszuprobieren. Die Strategien, die jetzt für Sie funktionieren, müssen möglicherweise angepasst oder ersetzt werden, wenn sich Ihre Umstände ändern.

Seien Sie aufgeschlossen und immer bereit, neue Ideen und unterschiedliche Strategien auszuprobieren. Bleiben Sie neugierig und erkunden Sie weiterhin Möglichkeiten, Ihre Work-Life-Balance zu verbessern.

Denken Sie daran, dass diese Reise einzigartig für Sie ist. Obwohl es wertvoll ist, von anderen zu lernen und Erkenntnisse aus Büchern und Mentoren zu gewinnen, müssen Sie letztendlich herausfinden, was für Sie am besten funktioniert. Vertraue dir selbst und sei geduldig.

Wachstum braucht Zeit und es ist absolut akzeptabel, dabei Fehler zu machen. Jeder Fehltritt bietet die Möglichkeit zu lernen und Fortschritte zu machen.

ANDERE ERMUTIGEN, IHR LEBEN ZURÜCKZUGEWINNEN.

Überlegen Sie auf Ihrem weiteren Weg zu einem ausgeglichenen Leben, wie Sie andere auf ihrem Weg unterstützen können. Work-Life-Balance ist nicht nur eine persönliche Angelegenheit; Es ist eine gesellschaftliche Angelegenheit. Indem Sie andere ermutigen und ihnen helfen, tragen Sie zu einer größeren Bewegung hin zu einem gesünderen und ausgeglicheneren Leben für alle bei.

Beginnen Sie damit, Ihre Erfahrungen und Erkenntnisse mit Ihren Mitmenschen zu teilen. Sprechen Sie mit Ihren Freunden, Ihrer Familie und Ihren Kollegen darüber, was Sie gelernt haben und wie es sich auf Ihr Leben ausgewirkt hat. Manchmal kann ein einfaches Gespräch eine bedeutende Veränderung im Leben eines anderen auslösen. Seien Sie offen über Ihre Schwierigkeiten und Erfolge und bieten Sie praktische Ratschläge und Ermutigung.

Wenn Sie bei der Arbeit eine Führungsposition innehaben, denken Sie darüber nach, wie Sie eine Kultur der Ausgeglichenheit und des Wohlbefindens etablieren können. Setzen Sie sich für Richtlinien ein, die die Vereinbarkeit von Berufs- und Privatleben unterstützen, wie z. B. flexible Arbeitszeiten, Remote-Arbeitsoptionen und Ressourcen für die psychische Gesundheit. Gehen Sie mit gutem Beispiel voran, indem Sie Grenzen setzen und der Selbstfürsorge Priorität einräumen.

Ihre Handlungen haben das Potenzial, andere dazu zu ermutigen, dasselbe zu tun.

Bedenken Sie auch die Kraft der Gemeinschaft. Treten Sie einer Selbsthilfegruppe bei oder gründen Sie eine, die sich auf die Vereinbarkeit von Beruf und Privatleben konzentriert. Diese Gruppen können einen sicheren Raum bieten, um Erfahrungen auszutauschen, Unterstützung anzubieten und sich gegenseitig zur Verantwortung zu ziehen. In der Masse liegt die Stärke, und gemeinsam kann man mehr erreichen, als man es alleine könnte.

LETZTE WORTE DER WEISHEIT.

Zum Abschluss dieses Buches möchte ich Ihnen noch ein paar letzte Worte der Weisheit hinterlassen. Denken Sie zuallererst immer daran, dass Sie nicht allein sind. Viele Menschen stehen vor der Herausforderung, Arbeit und Privatleben unter einen Hut zu bringen, und es ist in Ordnung, um Hilfe zu bitten, wenn man sie braucht. Wenden Sie sich an Ihr Support-System und stützen Sie sich darauf. Es ist keine Schande, Hilfe zu suchen, sei es von Freunden, der Familie oder Fachleuten.

Zweitens: Seien Sie freundlich zu sich selbst. Es ist leicht, der schärfste Kritiker zu sein, aber Selbstmitgefühl ist entscheidend. Verstehen Sie, dass Perfektion unerreichbar ist und dass es in Ordnung ist, freie Tage zu haben.

Feiern Sie Ihre Erfolge, egal wie klein sie sind, und lernen Sie aus Ihren Rückschlägen. Behandeln Sie sich selbst mit der gleichen Liebe und dem gleichen Verständnis, das Sie einem Freund entgegenbringen würden.

Bleiben Sie schließlich Ihren Werten treu. In der Hektik des Alltags verliert man leicht den Blick für das, was einem wirklich wichtig ist. Verbinden Sie sich regelmäßig mit Ihren Grundwerten und lassen Sie sich von ihnen bei Ihren Entscheidungen leiten. Ganz gleich, ob Sie Zeit mit Ihren Lieben verbringen, einer Leidenschaft nachgehen oder sich um

Ihre Gesundheit kümmern, stellen Sie sicher, dass Ihr Handeln mit dem übereinstimmt, was Ihnen am Herzen liegt.

Zusammenfassend ist es eine zutiefst persönliche und transformative Reise, Ihr Leben von der Arbeit zurückzugewinnen. Es geht darum, ein Gleichgewicht zu finden, Grenzen zu setzen, Selbstfürsorge zu üben und eine unterstützende Gemeinschaft aufzubauen. Es geht darum, kontinuierlich zu wachsen und sich weiterzuentwickeln und gleichzeitig Ihren Werten treu zu bleiben. Und vor allem geht es darum, ein Leben zu führen, das sich für Sie erfüllend und bedeutungsvoll anfühlt.

Vielen Dank, dass ich Teil Ihrer Reise sein durfte. Ich hoffe, dass die in diesem Buch vermittelten Erkenntnisse und Strategien Sie inspiriert und Ihnen praktische Werkzeuge an die Hand gegeben haben, mit denen Sie Ihr Leben von der Arbeit zurückgewinnen können. Denken Sie daran: Sie haben die Fähigkeit, das Gleichgewicht zu schaffen, das Sie suchen, und mit Entschlossenheit und Selbstmitgefühl können Sie es erreichen. Auf ein ausgeglichenes, erfülltes und freudiges Leben.

WIE WAR ES?

Lieber Leser,

Vielen Dank, dass Sie sich auf die Reise durch „Der ultimative Leitfaden zur Rückgewinnung des Lebens von der Arbeit: Schritt-für-Schritt-Strategien zur Befreiung aus dem Griff der Arbeit" begeben haben. Ihre Zeit und Ihr Engagement für die Verbesserung Ihrer Work-Life-Balance bedeuten mir sehr viel. Ich hoffe, dieser Leitfaden hat Ihnen wertvolle Erkenntnisse und praktische Strategien vermittelt, um die Kontrolle über Ihr Leben zurückzugewinnen.

Wenn Sie dieses Buch hilfreich fanden, wäre ich Ihnen unglaublich dankbar, wenn Sie sich die Zeit nehmen könnten, es zu bewerten und eine Rezension auf Amazon abzugeben. Ihr Feedback hilft nicht nur anderen Lesern, das Buch zu entdecken, sondern unterstützt auch die laufende Mission, mehr Menschen zu befähigen, ihr Leben von den Anforderungen der Arbeit zu erholen.

Nochmals vielen Dank für Ihre Unterstützung und für die ersten Schritte in Richtung eines ausgeglicheneren und erfüllteren Lebens.

Wärmste Grüße,

Ruth Kings.